JN410172

따로 또 같이

따로 또 같이

이종혁 지음

초판인쇄 2012년 3월 30일
초판발행 2012년 4월 5일
발 행 처 수필과비평사
발 행 인 서정환

출판등록 1984년 8월 17일 제28호
주소 서울시 종로구 익선동 30-6
운현신화타워 빌딩 2층 207호
전화 (02)-3675-5633, (063) 275-4000
Fax (063) 274-3131
E-mail sina321@hanmail.net

값 12,000원

ISBN 978-89-5925-810-9 03810

따로 또 같이

이종혁 지음

수필과비평사

책머리에

여러 해 전에 이문화(cross cultural)교육을 유수기업에서 10여 년간 한 적이 있다. 대상 기업은 주로 미국 기업으로 아시아 특히 한국과 IT 산업을 하며 해당국의 기업문화, 정치, 경제와 역사를 알기 위하여 나에게 의뢰를 했다. 그들은 한국을 잘 몰라서 실수도 한 터라 퍽 진지하게 강의에 임했다. 하루에 8시간씩 2, 3일간 하는 강의였다. 기업이 위치한 미국대도시는 물론 멕시코와 프랑스에서도 강의를 했다. 수강하는 간부 직원들은 이제 전 세계에서 10위권에 드는 나라에 대한 이야기를, 지난 70여 년간 개인적으로 체험한 그 나라의 강사가 하는 이야기라서 그런지 퍽 진지하게 그리고 흥미롭게 들었다. 한번은 경기도 부평에 가서 한국 회사 간부들을 상대로 일주일 간 미국에 관한 강의도 했다. 한국 사람이 보는 미국에 관한 이야기 등이었다.

그리고 내가 살아온 이야기를 소재로 강의를 시작했다. 다섯 살 때 해방이 되며 당시만 해도 일본사람으로 살던 내게 듣도 보지도 못한 한국 이름이 주어지고 혼돈 속에서 당시 북한에 진주한 '로스케'를 피하여 고향에서 피난 나온 이야기, 그런 와중에 일본말로 일상 대화를 하던 우리 식구들, 서울에 정착한 지 5년 만에 이북이 자행한 6 · 25전쟁 때문에 온 가족을 잃고 고학한 이야기, 대학 3학년 때 성난 학생들과 경무대까지 갔다가 피를 목격한 4 · 19학생 의거, 그리고 다음해 만 19세 때 해병대 사병으로 입대하여 훈련 마치기 2주 전에 맞은 5 · 16군사혁명과 혁명군 후속부대로 대기하며 정부군과 전투를 할 뻔한, 역사의 흐름 속에 있던 숨가빴던 순간들, 월남전에 한국 사람들의 세계화 과정에 참여한 순간들,

지지리 못살던 굴레에서 벗어나 산업에 참여하게 되는 이야기 등이다. 그리고 청운의 꿈을 갖고 미국에 유학한 것이 1960년대 말이었다.

27세 난 청년이 거의 맨주먹으로 미국 유학을 오게 된 동기는 '한'의 발로였을 거라며 '한'을 소개하는 강의를 했다. 한국 사람을 제대로 알려면 역사적으로 문화적으로 우리에게 강요된 '한'을 모르면 쉽지 않다고도 했다. 역사와 함께한 내 이야기가 많은 호응을 받은 것은 당연했을 것이다. 이렇게 우리는 국내에서 해외에서 알게 모르게 국위를 선양했다. 한국을 알릴 수 있는 기회가 내게 주어졌다. 아마 1969년으로 기억된다. 그때 갖고 온 테너 이인범의 우리 가곡판을 들려주며 우리 고유 음악이라고 했더니 그게 이탈리아 음악이지 어떻게 한국 음악이냐는 질문에 쥐구멍으로라도 들어가고 싶었던 경험을 한 지나간 반세기다. 이렇게 시작한 미국생활인데 세월이 오래되어도 인간의 귀소 본능 때문인지 고향이 몹시 그리워진다. 그러다가도 5, 6년 만에 가는 서울이 몹시 낯설고 일을 마치고 돌아올 때는 귀향의 기대감과 실망이 겹치는 그런 감정을 느끼곤 한다. 언젠가는 고향에 가서 은퇴하려는 마음도 있었지만 점점 마음속에 외국이 되어가는 곳에서 은퇴하고 싶은 마음이 점점 사라진다. 사는 곳이 이제 고향이 되는가 보다.

그동안 생각하며 어쭙잖게 써 놓은 글을 엮어서 출판하는 기회를 맞게 되어 새로운 감회에 젖는다. 우리 동포 이야기와 미국사회를 쓴 글을 나누어 두 권의 책으로 내게 되었다. 그동안 도움을 주신 여러분들께 고마움을 전한다.

CONTENTS

02 비 오는 날의 하이쿠

CONTENTS

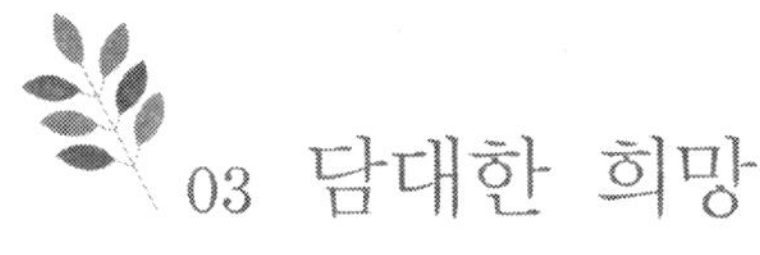

03 담대한 희망

04 역사

CONTENTS

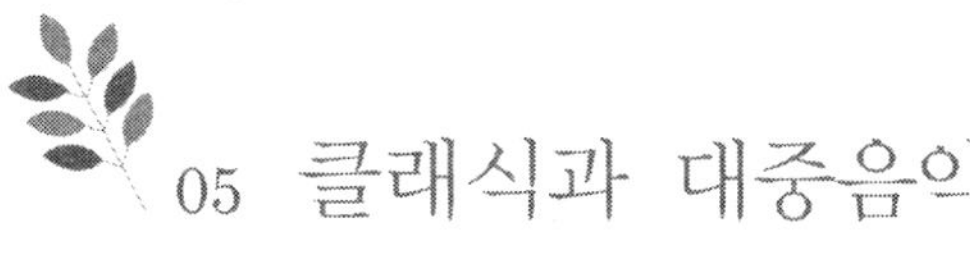

05 클래식과 대중음악

06 장인정신

01 두 개의 조국

1915년 서울 / 미셸 이 교육감 / 초당 강용흘

도산 안창호 선생과 미국 민권운동가 / 두 한국사람

두 개의 조국 / 또 다른 이민자 / 문필가 '하진'

2011년 5월 / 엘리자벳 리

1951년 서울

전몰 장병을 기리는 메모리얼 데이를 맞을 때면 1951년 공산 치하 서울 생각이 난다. 우리 가족은 몇 달 전에 행방불명된 아버지 소식을 알 수 있을까 하여 남들 다 가는 1 · 4후퇴 때 피난을 가지 못했다. 유엔군의 9 · 28수복 때 오장동 우리 집이 파손되어 부산으로 간 외삼촌 집에 우리 네 식구가 함께 살았다.

피난 가지 못한 동네 조무래기들이 모여 거리에서 놀던 어느 날 오후였다. 그곳에서 멀지 않은 원남동 쪽에서 무장한 인민군 감시병의 인솔 하에 미군 한 명은 손수레를 끌고 두 명은 많지도 않은 짐을 밀며 우리가 놀고 있는 쪽으로 오고 있었다. 아마 근처에 있던 전매청에 국군이 후퇴할 때 남겨 놓은 물건을 가지러 가는 모양이었다. 근래 포로가 되었는지 미군 복장을 그대로 하고 있었다. 그들은 시오리 잠바에 사지옷차림이었는데 한 병사는 엉덩이가 다 드러나 보였다. 그중에 한 사람은 우리에게 낯선 흑인이었다. 장난기 섞인 모습으로 걸으며 우리들에게 손을 흔들다가 감시병에게 야단을 맞아도 주눅이 들지 않는 당당한 행동이 나에겐 퍽 신기하게 보였다. 아마 그들은 20여 세가 채

안 되는 청년들이었을 것이다.

한동안 계속 밀리는 한국군을 돕기 위하여 미군이 48만이나 투입되었다. 당시 16개국의 유엔군이 참전했다고 하지만 많은 수가 미군과 영국을 위시한 영국 연방군이었다. 당시 미군들은 제2차대전 때 단련된 정규군도 있었지만 급하게 한국전에 투입되느라고 제대로 훈련이 안 된 주 방위군도 적지 않았다고 한다.

워싱턴 DC 한국전쟁기념관에 가면 피곤하고 추위에 지친 병사들이 걷고 있는 모습의 동상들이 있다. 자세히 보면 판초를 입고 초점을 잃은 무표정한 모습이다. 거의 백만 명 중공군의 공격에 잘도 버티며 용감하게 전투를 했다고 한다. 한국전에서 그들의 전투 상은 지금 일간지에 연재되고 있는 백선엽 대장의 회고록에 자세히 기록되고 있다. 보통 때는 무질서하게 행동하다가도 비상시에 목표가 결정되면 용맹스럽게 전투에 임하는 미군 모습은 여러 전투에서 잘 보여주고 있다.

그들은 엄청난 대가를 치르며 한국을 지켜주었다. 이곳에서 살며 때로는 1951년 공산 치하 서울에서 본 미군 포로들의 모습이 가끔 생각난다. 어려운 포로 생활 중에 노동을 하면서도 낙천적인 그들의 자세를 잃지 않은 점이 퍽 인상적이었다. 서울이 다시 유엔군 수중에 들어오고 그들의 거취가 퍽 궁금하기도 했다. 혹시 그들이 포로수용소에서 사망하지 않았는지, 3년여의 포로 생활을 마치고 포로 교환 때 귀국을 했는지, 그때 입은 부상으로 아직도 군 병원에서 치료를 받고 있는지 그들이 살아 있다면 80이 훨씬 넘었겠다.

이들의 희생으로 한국은 이제 전 세계에 열 번째 드는 경제 대국이 되었다. 한동안 한국에서 주 적은 이북이 아니고 미국이라고 떠들어

대던 아이러니도 있었다. 그 반면에 미국을 그렇게 싫어하는 프랑스는 노르망디 작전 때 그들을 나치 독일에서 구해주었다고 온 시가지와 마을에서 제2차대전 때 미군병사들을 매년 초청하여 감사를 표한다고 한다. 그들을 환영하는 것은 우리가 이야기하는 깜짝쇼가 아니고 진정한 마음으로 감사를 표시한다고 언론은 보도한다. 한국도 유럽 여러 나라처럼 이들을 진정 따듯한 마음으로 맞아야겠고 거국적으로 이들을 환영해야 되겠다. 그중에 어쩌면 살아서 귀환한 이 세 명의 포로도 포함되었으면 하는 기대도 가져 본다.

전쟁 때 목격한 이 사람들의 어려운 환경에서도 그들의 자세를 잃지 않은 모습이 나의 미국생활에 크게 적게 영향을 주었을 것이다. 이제 나이가 들며 1951년에 서울에서 본 미군 포로들이 더 선명 하게 떠오르며 우리를 위하여 희생한 이들 앞에 옷깃을 여민다. 이렇게 나는 금년 메모리얼 데이를 맞는다.

미셸 이 교육감

지난달 11월 11일자 ≪월스트리트≫지에 그의 업적이 크게 보도가 되고 10여 일이 지나 이 신문사설에 민주당원인 그녀가 미국의 수도 워싱턴 DC의 실패한 공교육을 일깨웠다고 칭찬을 아끼지 않았다. 보수적이고 공화당 편향의 신문에서 보도된 이례적인 기사와 사설이었다. 참 대단한 여자라고 생각하며 언젠가는 내 칼럼에 소개해야겠다고 생각하고 있었는데 추수 감사절 연휴가 지나고 배달된 ≪타임≫지 표지에 실렸다. 교실 칠판 앞에서 푸쉬 부룸(빗자루의 일종)을 들고 서 있는 모양이 당당하다. 웃음도 없고 빗자루 쥔 모양이 전쟁에 임하는 백전용사 같기도 하다. 우리 커뮤니티에는 잘 알려지지는 않았지만 지난번 대권주자 토의에서 미셸이라는 이야기까지 나올 만하게 주류 사회에서 특히 공립학교나 교원 노조에서는 잘 알려진 인물이다. 노조원 300만을 갖고 있는 FTA 노동조합에서 주시하는 인물이기도 하다.

37세의 체구도 작은 한국계가 그동안 이뤄낸 업적을 보면 놀랍다. 그는 워싱턴 DC 공립학교를 금년에 성적이 제일 향상되게 이끌었다. 학교 선생 경험은 국민학교 2학년 가르친 것이 전부이고 후에는 학교 문제를 전문으로 연구하는 비영리단체에서 연구원으로 일하다가 시장에 의하여 일약 교육감으로 발탁되었다. 학교 당국이나 노조 관계자들은 미셸 이의 임명에 경악을 금할 수 없었다고 했다. 가르친 경험도 짧고 그렇다고 학교 행정직을 한 사람도 아니다. 교육감이 된 다음 그는 시도 때도 없이 각 학교 교실을 방문하고 선생들의 교수 방법 그리고 시설 등을 점검하기도 했다. 임명 첫해에 수준 미달 선생 270명을 해고하고 교장 36명을 파면했다. 전체 학교 수의 15%에 달하는 21개의 학교를 폐쇄하기에 이르렀다. 아이러니하게도 이 교육감의 두 딸이 다니는 학교 교장을 파면시켜 아이들이 어려움을 겪기도 했다. 교원노조가 들고 일어났지만 교육감 사무실의 철저한 법적 대처 때문에 그들도 어쩔 수 없었다고 했다. 종신 정년이 있는 교원들을 해고시키는 일이 쉽지는 않았다고 한다.

선생들한테는 그렇게 엄하고 쌀쌀했지만 학생들한테는 그렇게 상냥할 수 없고 학생들의 이메일은 일일이 답장했다고 한다. 지난 한 해에 96,000여 통의 이메일을 보냈다고 한다. 그의 동료가 한 이야기다. 미셸은 학생들이 올바른 교육 받는데 어떤 것과도 타협하지 않는다고 한다. 학생들의 성적이 낮은 것은 전적으로 선생의 책임이라고 말한다. 어떤 교장이 미셸 이 교육감의 방침에 이의를 제기하니 학생들이 올바르게 읽고 쓰지 못하는 것은 선생들이 맡은 바 일을 제대로 못한 것이라고 반박하기도 했다. 톨레도 오하이오주 출신 한국2세 교육감은 노조와 교원의 종신 정년에 대하여 계속 협상을 벌이고 있다. 선생들한테 정년을 포기하면 연봉을 두 배로 올려 주겠다고 제시하며 그 액수가 연 130,000까지도 될 수 있다고 했다. 무능한 선생들이 종신 정년을 노조의 보호를 받으며 제대로 학생들을 가르치지 않아 성적이 낮은 것이지 인종과 학교의 위치와는 상관없다고 그는 이야기한다. 워싱턴 DC의 학생들의 대다수가 흑인이다. 그리고 지난 일 년 동안 업적이 그의 주장을 뒷받침하기도 한다.

질이 낮은 공립학교에 환멸을 느낀 학부형들이 차터스쿨을 만들기 시작했다. 시설을 갖추고 자격 있는 선생이 있으면 주정부에서 공립학교에 지불되는 예산을 학생 수에 따라 차터스쿨에 배당하게 된다. 지금까지 차터스쿨이 워싱턴 DC 학교에 1/3 가깝게 차지하고 이런 경향이면 10년 이내에 절반 이상으로 늘게 된다고 한다. 따라서 공립학교 운영에 큰 지장을 초래하게 된다고 한다. 차터스쿨의 선생들은 노조에 가입할 필요가 없다. 어쩌면 이 사람 때문에 공립학교 교육에 혁명이 일어나게 될지도 모른다고 하며 교원노조에서 가장 두려운 존재가 된다고 한다. 노조와 협상하여 종신 정년을 줄이거나 아니면 정부 주도하에 새로운 차터스쿨이 생길지도 모른다. 8년 전 오클랜드 시장에 당선된 제리 브라운 씨와 개인적으로 만날 기회가 있어 이곳에 우리 동포가 정착 못하는 이유는 열악한 학교 환경 때문이라고 하니 우리의 차터스쿨 설립을 돕겠다는 언질을 받은 적이 있다.

동포 지도자와 교회 지도자 몇 사람들과 이야기했는데 그저 이야기로만 끝난 기억이 난다. 근래 다운타운에 제복을 입은 차터스쿨 학생들이 눈에 많이 보인다. 비백인 학생이 많은 곳에 있는 대안 학교인가 보다. 교원 노조와 당당히 싸우고 학생들의 권익을 위하여 불철주야로 싸우는 미셸 이 교육감이 오크랜드 공립학교의 귀감이 됐으면 하는 바람이다. 이 사람이 참 자랑스럽고 3,000마일 떨어진 서부에서 "파이팅" 하고 응원한다.

초당 강용흘

얼마 전 문학 캠프에서 강용흘을 소개할 기회가 있었다. 그냥 이름만 알고 있던 작가였는데 그의 작품과 삶을 읽으며 나름대로 나에게는 대단한 발견이 되었다. 1930년대 문학계를 석권한 영국 작가 레베카 웨스트 평에 의하면 강용흘은 예이츠나 인도의 타고르 시인에 버금가는 작가라고 칭찬을 아끼지 않았다. 그는 타고난 작가이고 시인이었다고 하며 그의 작품 ≪초당(The Grass Roof)≫을 읽으면 한 편의 동양화가 살아서 움직이는 듯하다고 한다.

중견 작가 토마스 울프는 강용흘의 작품을 다 읽기도 전에 그의 문학 천재성을 발견하고 그를 출판사에 소개했다. 같은 대학에서 창작을 가르치던 울프와의 만남이 그를 작가로서 입지를 굳히게 하고 울프가 젊은 나이로 작고하기까지 교분을 나눈 사이다. 강용흘의 작품이 출판되며 불어, 독일어, 체코, 유고슬라비아 등 십여 나라 말로 번역되었다.

그의 처녀작 초당은 이조 말 일본에 강제 합방되던 그의 고향 함경도 어느 시골 이야기다. 당시 생소한 한국에 관한 그의 이야기를 한청파라고 하는 소설의 인물로 나타내고 있다. 퍽 전원적인 시골 풍경이기도 하지만 한말의 비운을 자세하게 다루고 일본식민지 하에서 경제적으로 어려움을 겪는 농촌을 묘사하고 있다.

그는 한학과 시를 즐기는 집안 어른들의 영향을 받아 중국시인 두보와 이태백에 매료되기도 했다. 그는 또한 학문에 대한 열정이 대단했다. 교통이 수월치 않던 당시에 함경도에서 서울까지 걸어가서 공부하기도 하고 일본에 가서 공부도 했다. 3·1운동 때 일본 경찰에 체포되는 등 시대 상황에도 퍽 민감한 적극적인 성격의 소유자였던가 보다. 당시 영어 실력이 특출하여 연희 전문학교 원한경(H.H. Underwood) 교장 부인을 도와 존 번연의 책을 한글로 번역했는가 하면 브라우닝, 키츠, 셰익스피어도 번역을 했다. 당시의 미국행은 미국선교사의 추천으로 가능하였는데 의사 지망생이었던 그는 이공계로 보스턴대학 학사를 받았지만 문학에 대한 열망 때문에 하버드대학에서 영문학으로 1920년대에 석사를 받았다.

명문대학 Wellesley 출신 시인이고 작가인 부인 Frances Keely의 도움으로 영어로 글을 쓰며 그의 자전적 작품 ≪The Grass Roof(초당)≫을 완성한다. 그는 당대의 펄 벅, H.G. 웰스 같은 작가들로부터 좋은 평을 받았다. 이런 이야기가 있다. 만약 그의 ≪초당≫이 펄 벅과 같은 해에 출판만 되지 않았어도 퓰리처상은 그의 몫이었다고 말이다. 잘 알려진 대로 펄 벅의 ≪대지≫는 노벨 문학상을 받았다.

그는 ≪초당≫으로 구겐하임상을 받았고 부상으로 독일, 프랑스 그리고 이탈리아에서 가족과 함께 생활을 했다. 그리고 유럽의 유수한 대학에서 공부도 하며 ≪초당≫의 후편이라고 하는 ≪East Goes West≫을 1937년에 출판한다. 인종 차별이 심한 1920~30년대 미국에서 그는 안정된 직업이 없었고 대학의 강사료와 브리태니커 백과사전 편집비로 궁핍한 생활을 했다고 버클리의 일레인 김 교수는 이야기한다. 이외에도 그는 장편 한 권과 많은 시를 남겼다. 만해의 ≪님의 침묵≫을 영어로 번역을 했다. 그는 그의 첫 작품이 좋아 그 작품명을 호로 삼았다. 1970년대에 고려대학에서 명예문학박사를 받고 얼마 후에 작고했다.

강용흘의 작품이 영어로 돼서인지 한국 문단에서 그리 알려지지 않은 것 같다. 한국 문학의 글로벌을 외치는 지금, 춘원 등 근대 한국 작가와 거의 같은 시기에 영어로 작품 활동한 강용흘을 새로운 시각으로 연구해야 되지 않을까 하는 생각도 한다. 흔히 이야기하듯이 한글 표현의 특수성 때문에 한국 문학이 해외에 알려지기 힘들다고 하는데 1931년 처음 출판된 그의 작품을 연구하며 영어로 된 우리 문학의 오늘을 바라볼 수 있는 기회도 될 수 있을 것이다. 어쩌면 초당의 작품이 한국문학 국제화의 효시를 이룰 수도 있을 것이다. 언제 기회 있을 때 그를 잘 알고 있는 이경원 기자와 〈재미문학가 초당 강용흘의 롱아일랜드 변주곡〉을 신동아에 기고한 김지현 작가와 만나 '초당'의 이야기를 더 나누고 싶다.

도산 안창호 선생과 미국 민권운동가

마틴 루터 킹 목사가 1963년 8월 29일 워싱턴 광장에서 한 'I have a dream' 연설이 당시 일고 있던 민권운동에 도화선이 되고 민권법이 연방의회에서 통과되는 계기가 됐다. 우연히도 같은 달 같은 시기에 오클랜드 박물관에서 도산 선생의 탄생 130주년 학술대회가 열렸다. 한국에서 온 도산 선생 연구회의 석학들의 학술 발표가 퍽 인상적이었다. 시대의 차이는 있지만 같은 민권운동가의 역사적인 사건이었고 미국 주류 사회에서는 45년 전 킹 목사의 뜻을 기리고 우리 동포는 도산 선생이 우리에게 주는 뜻을 새기며 참석했다. 토요일 저녁에 하는 회의에 대다수가 늦게까지 경청했다. 더 많은 동포가 참석했더라면 우리의 지도자를 기리는 행사가 더 보람 있었을 텐데 하는 아쉬움이 있었다.

도산 안창호는 1902년부터 1926년까지 세 번이나 미국에 거주하며 동포들을 일깨우고 단합을 시키며 힘을 기르게 했다. 여러 가지 조직 중에 국민회를 시작하여 대내적으로 우리의 힘을 기르게 하고 대외적으로는 우리를 알리며 독립운동에 앞장을 선 분이다. 미국뿐만 아니고 중국, 북간도와 러시아에도 동포가 있는 곳이면 마다 않고 그들을 찾아 갔다.

미국에 살며 농장 일꾼들의 권익을 보호하기 위하여 농장주와 협상을 마다하지 않았다. 한인 노동자의 처우를 개선하고 일정시간 이상 일을 하지 못하게 하는 등 미국 주류 사회에서도 요구하지 못하는 것들을 협상했다. 노동조건의 개선과 임금인상 요구 등 지금 Labor Union(노동 조합)의 본보기가 되는 일을 그는 시작했다. 미국 노동조합의 역사를 보면 거의가 백인 위주였고 그들이 소수민족의 노동쟁의에는 관여하지 않을 때였다. 그 후 미국 산업구조가 바뀌며 노동운동이 크게 벌어졌고 노조원이 증가했다. 노동조합은 소수민족의 권익향상에 관여하지도 않았고 등을 돌릴 때 도산 선생은 그들을 위하여 앞장을 선 분이다. 그는 가주 리버사이드로부터 새크라멘토 북쪽에 있는 윌로스까지 한인 노동자가 있는 곳이면 찾아가 한인 노동자들을 계몽하며 훈련을 시켰다.

주류사회의 농장노동자 조합이 발족된 것은 도산 선생이 활동한 지 거의 60여 년 지나서였다. 농장노동지도자 '세샤 샤베즈'는 임금인상과 처우개선을 위하여 계속 협상을 했다. 도산도 다녀간 중가주 델라노에서 새크라멘토까지 비율빈 노동자 파업을 독려하며 긴 행진을 했다. 사회에 호응을 받은 행진이어서 임금 협상도 성공적으로 이끈 사람이었다. 그의 사회 기여도가 인정되고 라티노계가 정치적으로 뒷받침한 결과 '샤베즈' 생일이 연방 공휴일이 됐다.

1970년대 이철수 사건을 무죄로 이끈 이경원 기자의 영어 발표에 장내가 숙연해졌다. 그 특유의 기자로서의 안목과 1960년대 전국을 누비며 민권운동 취재한 경험이 지금까지 생각하지도 못했던 방향을 제시했다. 우리는 그저 도산 안창호 하면 20세기 초 선교사의 영향을 받고 미국 유학 와서 공부하다가 우리 동포들의 어려운 생활을 목격하고 돕기 시작한 사람이라고 생각한다. 그리고 나라도 없고 지도자도 없이 좌충우돌하는 초기이민자들을 보고 단결시키고 후에 흥사단 이념으로 가르치다가 귀국하여 작고한 훌륭한 선각자로 알고 있다. 이경원 기자가 우리의 눈을 뜨게 했다. 도산 선생은 흑인 민권 운동의 효시가 된 Booker T. Washington이나 W E B Dubois 등과 Martin Luther King 같은 이들의 반열에 모실 수 있는 우리의 지도자라고 한다. 중국계나 일본계에도 이런 지도자가 없었다고 하며 세계적인 민권운동가였다고 한다. 원고도 없는 즉흥적인 강연에 너무 감격하여 울먹이는 순간도 있었지만 청중도 눈시울이 붉어졌다. 나도 지금까지는 도산 선생을 흑인이나 멕시칸계 민권운동가와 연계하지 못했는데 이경원 기자가 취재 중에 그들이 주장하는 게 도산사상과 같으며 다른 것은 시대가 다르고 같이 일할 수 있는 기회가 없었을 뿐이라는 것을 알았다고 한다. 어떤 미국학자는 이분이 60에 작고하지 않고 더 오래 살았다면 우리의 삶이 어떻게 바뀌었을까 의문을 제기하기도 했다.

흑인 사회에서 20세기 초에 두 가지 주장이 있었다. 백인 사회에 참여하고 그들의 말을 듣고 교육을 받은 먼 훗날에 정치 힘을 기르자고 한 Booker T. Washington과 정치힘을 먼저 길러 백인 사회와 맞서자고 한 W E B Dubois였다. 이 두 가지 사상을 잘 조화시킨 이념이 도산 선생이 주창한 무실역행이라 한다. 도산 선생의 지도자로 크게 활약할 때 마틴 루터 킹 목사는 9세 소년이었다고 한다. 미국 전역에 민권운동을 취재한 이경원 기자는 도산 선생을 민권운동의 세계적인 지도자라고 주장하고 우리도 관객석에서 찬사를 보냈다. 마음 뜨거워지는 것을 그의 강연을 통하여 경험하게 되었다.

나도 미국에 오래 살며 민권운동 강연할 기회도 있었지만 도산 선생을 인용하지 못한 것이 부끄럽기도 하다. 그는 또 이분이 우리의 '간디'라고도 역설한다. 등잔 밑이 어두운 것을 우리는 진작 깨닫지 못하고 진리를 먼 곳에서만 찾으려 했는지도 모르겠다고 반문도 해본다. 21세기 글로벌 시대에 우리만 알고 있으면 되는 게 아니다. 구슬이 세 말이라도 꿰어야 보석이라는 우리 옛말이 있다. 우리 주위에 알리고 그의 영어로 된 논문이 더 많이 나와야 된다. 주류 신문에 영어로 기고도 많이 해야 될 것이다.

참 우리는 할 이야기가 많다. 흑인들의 민권운동의 적극적인 시작을 연방 대법원이 1954년 판결한 Brown v. Board of Education에 근거를 둔다. 흑인의 교육은 백인과 분리시켜 하되 동등하게 해야 된다는 separate but equal이라는 독트린에서 유래한 것이다. 당시의 흑인 지식층이 단합하여 이루어 낸 것이 1964년의 연방 민권법이다. 역사를 따진다면 1930년대 샌프란시스코 배이 지역 교육청에서 한국여학생을 백인 학생과 교육시킬 수 없고 피부색이 같은 차이나타운 학교에 가라는 결정에 반기를 든 한국 가정이 있었다. 부모가 소송을 하여 이겼는데 미국 민권운동사에는 전혀 언급이 되지 않은 사건이다. 십 몇 년 전 읽은 것을 지금 여러 가지 통로로 찾고 있는 중이다.

지금 우리는 정치적인 힘을 길러야 할 때다. 우리의 주류 사회정치 참여를 2세가 자랄 때까지 기다리지 말고 영어가 좀 부족하더라도 1세들의 적극적으로 참여하는 풍토가 조성되어야 한다. 아까운 것은 당시 도산 선생이 창설한 국민회의 전통이 계속되지 못한 것이다.

역사적인 인물인 Booker T. Washington이나 W E B Dubois 그리고 Martin Luther King 같은 이들은 살아 있는 미국사람들과 함께 호흡을 하고 있다 세계적인 지도자로 만드는 것은 우리 책임이다. 버락 오바마가 민주당 대통령 후보 수락 연설에서 1963년 킹 목사의 'I have a dream'을 인용하였다. 운동경기장에 모인 8만여 명 청중이 물을 끼얹은 것처럼 조용했다. 여러 해 후에 어떤 대통령 후보가 도산의 무실역행을 인용할 날을 우리는 준비해야 될 것이다. 세샤 샤베즈가 그랬고 여러 흑인 지도자들이 미국에 대한 꿈과 희망을 저버리지 않고 오늘에 백악관 문턱에 서 있는 모습을 본다. 몇십 년 앞을 바라보는 우리 코리안 아메리칸의 마음도 설렌다. 도산 선생의 사상을 주류 사회에 알려야 한다. 우리가 할일이 많다.

두 한국사람

근래 뉴스미디어에 가끔 등장하는 두 한국사람이 있다. 이들은 UC 버클리 볼트홀 법과대학의 존 유 교수와 FBI의 B.J.강 수사관이다. 한국계 정치가도 있고 성공한 비지니스맨도 있지만 다른 차원에서 우리 동포들의 위상을 높여준다. 주류사회 신문들이 이들을 기사화할 때는 항상 한국계 미국인이라는 것을 빠뜨리지 않는다. 존 유는 1967년 서울태생이고 이제 42세이다. 그는 17년 동안 버클리법과대학 교수를 한다고 하니 아마 25세에 교수가 된 셈이다. 참 놀랍다. 유년기에 가족과 함께 이민 와 하버드에서 미국역사를 전공하고 예일에서 법을 공부한 사람이다.

그는 한동안 상원 법사분과 위원회와 법무부 고문 변호사를 하기도 했다. 그는 대통령 권한에 대하여 근래 출판한 책 두 권 이외에도 왕성한 집필을 하는 학자이다. 부시 대통령의 테러리스트 색출 때 대통령의 권한에 대한 법해석과 함께 그의 의견서를 제출했다. 아프가니스탄에서 체포한 테러리스트들은 전쟁 포로가 아니어서 제네바협정에 따르지 않아도 되며 고문에 가까운 심한 취조를 허용하는 법 해석을 했다.

대통령은 전쟁범죄자법에 해당되지 않는다 하여 여론의 반기를 들게 하기도 했고 국회에서 증언도 했다. 이 일로 딕 체이니 전 부통령과 막역한 사이도 되었다. 좌익 단체에서는 그를 법과대학에서 해임하라고 한동안 데모도 했다. 배이 지역에 오래 살았는데 아프가니스탄전쟁 때문에 한국 사람이라는 게 알려진 법학자다.

다른 한 사람은 그저 B.J.강이라고만 알려진 FBI수사요원이다. 그가 언론에 크게 각광을 받은 것은 지난 12월에 억만장자 주식 금융회장 '라지 라자라트남'을 수갑 채우고 호송하는 신문기사 장면 때문이었다. 상고머리(크루커트)한 그는 한눈에 보아도 한국 사람이 틀림없다. 스리랑카 이민인 갤리온 증권회사 회장을 주식 내부거래 혐의로 체포했다. 전국에 특히 실리콘 밸리의 심복들로부터 주식 정보를 얻어 재빨리 거래하며 가히 천문학적인 이윤을 얻었다고 한다. 그는 현재 1억 불의 보석금을 내고 나와 기소에 대비하고 있다. 여러 사람이 체포되었는데 국제적으로 유수한 멕켄지 컨설팅 회사의 인도계 파트너도 포함되었다. 파트너가 경영자문하는 회사의 주식동향을 갤리온회사 회장한테 알려서 막대한 이윤을 얻게 한 혐의이다. 거의 단독으로 수사를 하며 법원에 전화도청 신청서는 모두 강 수사관이 했다고 한다. 지난 2년여에 걸쳐 수사한 결과로 확증된 증거와 함께 체포했다.

이 사건 이외에도 1년 전에 월가를 소용돌이 속에 빠트린 세기적인 '폰지' 게임을 한 버나드 메이도프를 압송한 사람도 강 수사관이다. 메이도프는 몇십 년간 사기 투자를 하며 막대한 이익을 얻은 혐의로 종신형을 받고 현재 복역 중이다. 그 이외에도 지금 대규모 헤지펀드 증권회사 SAC도 그가 눈독을 들이고 있다 한다. 이 회사는 15조에 달하는 고객의 돈을 투자하며 지난 여러 해 동안 한 해만 제하고 계속하여 이윤을 남겼다. 여론은 이 회사의 스티비 코헨 회장을 다음 목표로 강 수사관은 삼고 있다고 한다. 이번은 쉽지 않을 것이라고 월가에서는 이야기한다. 현재 강 수사관은 뉴스에 오르내리는 것이 싫어서 인터뷰도 피한다고 한다. FBI에서도 그의 신상에 관하여 일절 밝히지 않아 그가 회계학을 공부한 것과 한국계라는 것 이외에 알려진 것이 없다. 그는 어떤 모임에서 B.J.가 한국이름 이니셜인데 이름 부르기가 어려워 약자를 쓴다고 밝힌 바 있다. 어떤 기자는 강 수사관을 1930년대 알 카폰을 포함한 마피아를 일망타진한 전설적인 FBI수사관 '엘리엇 네스'에 비교하기도 한다.

이런 사람들을 우리 커뮤니티에 소개하여 다음 세대에 롤모델로 삼아야 한다. 백인이 아니더라도 주류 사회에서 웅지를 펴는 증거를 이들은 보여 주고 있다. 이들 때문에 쉽지 않게 정착한 우리 이민 1세에게 주는 확신도 크다. 이런 이들이 계속 나와 우리 이민 사회를 더 윤택하게 했으면 하는 바람이다. 참 흐뭇한 이야기다.

두 개의 조국

25여 년 전에 읽은 책을 얼마 전 책장을 정리하다가 발견했다. 잃어버린 장난감을 찾은 어린아이의 기쁜 마음으로 이 책을 대하게 되었다. 야마자끼 도요꼬가 쓰고 김갑수가 우리말로 번역한 책이다. 상중하로 된 세 권의 책을 대강 훑어보며 처음 읽었을 때 흥분을 되새긴다. 제2차 대전 마지막 도조 내각의 외상을 지낸 도고 시게노리가 임진왜란 때 일본 사쓰마에 끌려간 조선 도공의 후예라는 사실이다. 생소한 이야기이고 처음에는 작가가 지어낸 소설의 인물인가 보다 하고 의심도 했다. 다른 곳에 끌려간 조선도공들은 귀화하고 일본사람들이 되었는데도 이곳에 온 사람들은 그들의 정체성을 잃지 않고 조선 사람으로 살았다고 한다.

1890년대 말 박무덕은 조선 이름을 갖고 동경제대에 합격한 다음 일본 사족(양반) 도고라는 성을 얻어 귀화하기에 이르렀다. 외무성에 들어가 직업외교관으로 나치 독일과 다음에 소련주재 일본대사를 지내리만큼 유능한 외교관이었나 보다. 그리고 외상을 하다가 종전을 맞이하였다. 일본 고위층에서는 그가 조선인이라는 사실을 알 만한 사람은 다 알고 있었다고 한다. 야마자끼 작가는 박무덕의 이야기를 쓰려고 한 것이 아니었고 2차 세계대전 때 일본계 미국사람들의 참전 이야기와 전쟁범죄자를 조사하는 과정을 다루며 두 개의 조국에서 방황하는 젊은 일본계 미군 장교들의 이야기를 쓴 책이다. 도고 시게노리가 전범 중에 한 사람이어서 이 책에서 다루게 되었는가 보다. 5년여에 걸쳐 쓴 책이고 퍽 감동 깊게 읽은 기억이 난다.

당시 나는 미국생활 20여 년이 되었을 때였다. 그저 그런가 보다 하고, 그럴 수도 있겠지 하고 강 건너 불을 바라보는 정도였다. 이제 거의 반세기 가깝게 해외에 살며 이 책이 주는 의미를 생각한다. 나도 긴 세월을 이 나라에 살며 '두 개의 조국'이라는 말이 그들과는 다른 어려움으로 다가온 적이 있었다. 다른 민족과 그리고 우리 동포와 어울려 살며 좋은 추억이 있었는가 하면 다시 생각하기도 싫은 경험도 한 날들이다. 그리 살면서도 나의 정체성을 유지하려는 고집을 보고 놀랄 때도 있었다. 아마 나도 이제 나이가 드는가 보다 하고 생각도 한다.

역시 인간의 귀소본능 때문인지 내가 한국에서 보낸 20여 년이 좀 넘는 세월이 못내 아쉽게 여겨지기도 한다. 지금과는 달리 참 어려울 때 한국을 떠났고 너무 힘들게 치른 전쟁 다음이어서 나에게는 쉽게 돌아가고 싶지 않은 곳이기도 했지만 돌아갈 마음의 땅이 있다는 게 여간 다행스러운 일이 아니다. 도고 시게노리(박무덕)의 아버지가 일본에 귀화하며 300여 년 동안 조상이 살아온 땅인데도 아들한테 이제는 돌아갈 수 없으니 귀화하여 일본사람으로 살자고 했다고 한다. 돌아갈 땅이 없어서가 아니고 19세기 말 조선의 운명이 다해간다고 생각하며 귀화 결정을 했을 것이다. 마음의 고향을 잃어버렸는지도 모르겠다. 그래도 300여 년간 조선계 일본사람으로 정체성을 잃지 않고 산 대단한 가족이다.

이 책을 다시 보며 해외에 살고 있는 우리 동포이야기를 찾아 기록을 잘 보전했으면 한다. 도고 시게노리(박무덕)의 이야기도 우리가 발굴한 게 아니고 일본 자료에 근거를 둔 것이다. 지금 오클랜드에서 뜻있는 몇 사람이 주도되어 Korean Historical Society라는 단체를 만들고 있다. 미국에서 우리들의 역사를 보전하자고 지난번 도산 안창호 기념 학술대회 다음에 만나 뜻을 나누었다. 마음 같아서는 미국에서만이 아니라 일본, 중국 그리고 러시아 등 우리 동포가 퍼져 나간 곳과 유기적인 연계를 하여 오랜 유랑의 역사를 완성시켜야 되겠다.

언젠가 신문에 난 중국 당나라 때 서역을 점령한 이야기를 읽었다. 하늘의 끝이라는 파밀 고원을 군사 일만 명과 함께 넘어 파키스탄, 아프가니스탄을 평정한 중국이 자랑하는 무사의 이야기다. 이는 다름 아닌 고구려 후에 고선지 장군의 이야기다. 중국 친지로부터 이 자료를 근래에 건네받고 우리 해외동포 역사를 보존해야겠다는 뜻이 더 굳어졌다. 역사가 없는 민족이 명맥을 유지하지 못하고 사라진다고 하는데 우리 '두 개의 조국' 역사를 연구하고 보존하는 것은 우리의 몫인가 보다. 그리고 이 시대를 살고 있는 우리는 두 문화에 잘 적응하며 우리의 정체성을 지켜야 한다고 다짐도 한다.

또 다른 이민자

아무리 미국에 오래 살아도 신문에 이민기사가 나면 눈이 자연히 그리로 쏠리며 읽게 된다. 내가 유학생으로 와 이곳에 정착한 지 40년이 넘었지만 아직 이민자의 스테레오 타입에서 벗어나지는 못하는 모양이다. 일간지에 난 또 다른 이민자 'The Other Immigrants'라는 제목이 관심을 끌게 한다.

내가 처음 미국에 올 때 케네디 대통령이 완화한 이민법에 의하여 영주권취득이 어렵지 않았지만 그전까지만 해도 하늘의 별 따기였다. 오죽했으면 어떤 한국 유학생이 1950년대에 영주권부여 통지를 받고 기절까지 했다고 한다. 흔히 미국 사람들한테 이민자라고 하면 영주권 소지자와 불법체류자를 연상케 하는데 미국에 임시고용 비자로 일하며 영주권을 기다리는 외국출신이 적지 않다. 오랫동안 이민국관리로 있다가 은퇴하여 컨설팅 회사를 하고 있는 스튜워드 앤더슨에 의하면 임시 고용 비자인 H1-B 수혜자 절반이 인도출신이라고 한다. 그들이 영주권을 받으려면 최소한 12년에서 많게는 20여 년을 기다려야 한다고 한다. 그들의 유치원 다니는 자녀가 대학을 졸업 할 때쯤이나 되어야

합법적인 영주권을 받게 되는 셈이다.

이렇게 신청 기간이 오래되는 이유는 해당 부처의 일 처리가 부진해서라기보다는 워낙 이민 쿼터가 적은 때문이라고 한다. 현이민법에 의하면 매년 고용을 통한 영주권 쿼터는 140,000이라고 하는데 신청자의 배우자와 자녀도 그 수에 포함되니 실질적인 수혜자는 그보다 훨씬 적을 수도 있다.

1990년에 제정된 고용 이민 상한선은 스폰서업체에서 필요한 수에 엄청나게 모자란다고 한다. 연방의회에서 외국출신 인력 채용 수를 늘리지 않고 있어 이들을 필요로 하는 사업체에서는 많은 어려움을 겪고 있다고 한다. 보도에 의하면 임시 이민 비자로 일하는 사람들의 미국 경제 발전에 기여도는 적지 않고 이들이 떠나면 고용업체뿐만 아닌 사회 전체에 미치는 손실이 적지 않다고 한다. 앤더슨 씨에 의하면 1990년부터 2007년까지 증권시장에 상장된 기업 중에 25% 이상이 외국 출신 이민자들에 의하여 출범한 회사들이라고 하며 이들의 존재를 간과할 수 없다고 한다. 이들은 유학생이나 고용비자로 왔다가 임기가 끝나며 그냥 주저앉은 사람들이 큰 비중을 차지한다고 한다. 우리 동포사회에도 이런 사람들이 적지 않을 것이다.

지난 3월에 1,200명의 외국 유학생들에게 졸업 후 거취에 대한 설문조사를한바 있다. 학교 마치면 미국에 정착하겠느냐고 하니 중국학생 55%, 유럽학생 53%, 그리고 인도학생 38%가 비자 문제 해결이 쉽지 않아 당장 결정할 수 없다고 한다. 이곳에서 영주권을 얻지 못한 외국인들은 경제가 발전하고 있는 그들 출신 국으로 돌아가는 사례도 적지 않다고 한다. 이를 기화로 까다로운 미국 이민법을 알고 있는 캐나다,

호주 그리고 유럽 여러 나라에서 이민법을 완화시켜 미국에 있는 이들에게 손을 벌리고 있다. 여러 나라에서 필요한 인력을 미국이 훈련한 이들로 충족하고 있다고 한다. 어떤 경우에는 파격적인 대우도 서슴지 않으며 이들을 유치한다. 오랫동안 미국은 전 세계 인재들의 안식처와 함께 끊임없는 도약의 기회를 제공하곤 했는데 경제의 어려움을 겪으며 실직된 고급 두뇌의 엑소더스 현상을 보게 된다.

고급 두뇌 역수출을 막기 위해서라도 이민법을 개정해야 된다는 여론이 비등하고 있으며 이들에게 새로운 기회를 주어야 한다고 이구동성이다. 이제 불법 체류자들을 구제하려는 방안이 연구되고 있는데 H1-B소지자들의 영주권 취득을 용이하게 하여 이들을 미국사회의 일원으로 만드는 일에 나도 적극적으로 동조한다. 그리고 새해에는 우리 구역출신 하원의원에게 이들을 위한 법 개정의 필요성을 알려야 할 것이다. 이들에게 문호를 개방하여야 한다. 학생으로 와서 영주권 받고 이제 미국시민으로 반세기가 가깝게 살고 있는 나에게는 남의 일 같지 않다.

문필가 '하진'

얼마 전 백인친구가 한국전쟁을 배경으로 한 것이라고 자기가 읽은 소설을 나에게 준다. 책 이름은 ≪War Trash≫이고 의역을 한다면 전쟁 소모품이라고 할 수 있겠다. 한국전에서 포로된 중공군이 거제도와 제주도 포로수용소에서 일어난 이야기를 소재로 한 사실에 가까운 소설이다.

인민군 포로수용소는 잘 알려졌는데 중공군 포로수용소 이야기는 처음 접하게 된다. 문맥의 전개라든지 표현 등은 도스토엡스키를 포함한 사순이나 오웬에 가깝다고 문학 평론가들은 극찬을 아끼지 않는다. 이 작가는 시집 세 권과 장편소설 14권을 영어로 집필하리만치 왕성한 집필가다. 하진은 헤밍웨이, 포크너 이외에도 여러 가지 상을 받았다. 그의 작품 세계는 중국배경이 주를 이루고 천안문 사태가 자주 등장한다. 그리고 미국의 중국 이민 커뮤니티 이야기도 빠지지 않는다. 지금도 그는 차이나타운에 가서 가끔 생활하며 이민의 애환을 글에 담는다고 근래 받아 본 ≪뉴욕 타임스≫가 전한다.

그의 영어구사는 중국사람 고유의 표현을 영어로 옮긴 것이 다른 작가와 다른 점이라고 한다. 이것이 또한 그의 장점이라고도 한다. 더 놀라운 것은 그가 영어를 어려서 배운 사람이 아니다. 그는 1985년에 매사추세츠 주에 있는 브랜다이스 대학 영문학 박사과정에 유학 온 학생이었다. 거의 30세에 부인과 아들을 중국에 두고 영문학을 공부하려고 왔다.

그가 오기 전 경력을 보면 또 한 번 놀라게 된다. 그는 1956년에 우리 동포가 많이 사는 중국 요령성 출신이다. 1970년대 중국을 휩쓴 문화혁명 때문에 학교가 폐쇄되고 지식인들은 공장이나 농장에서 노동을 했던 때였다. 진학을 못한 그는 14세 때 중공군에 입대했다. 아버지도 당시 군 장교였던 그는 군대에서 중학교와 고등학교 과정을 독학으로 마쳤고 특히 영어공부에 열중했다고 한다. 군대에서 제대할 때쯤 문화혁명의 열기가 사라지며 문학을 공부하려고 대학에 입학하였다. 그는 흑룡강 대학과 산동대학에서 영문학으로 학사와 석사를 받았다. 미국에 유학 와서 8년 만에 영문학박사를 받을 만치 공부에 매진했다.

처음에는 학위 마치고 귀국하려고 했으나 천안문 사태를 보고 아직 민주주의가 정착되지 않은 중국을 등지고 미국에 정착하기로 마음을 굳혔다고 한다, 가난한 유학생인 그는 한국유학생들도 겪었던 어려움을 마치고 박사학위를 취득했다. 대학에 교수자리를 얻으려 했으나 받아 주는 곳이 없어서 그는 글을 쓰기 시작했다고 한다. 생활이 어려워 학문을 포기하고 스몰 비즈니스를 쉽게 시작할 수도 있었겠으나 그의 끈질김이 그를 작가로 만들었을 것이다.

1990년에 시집과 단편을 낸 이후 장편을 거의 매년 한 권씩 출판하여 작가로서 입지를 굳히고 문필가로서 명성을 얻기 시작한 작가이다.

그는 영어로 글을 쓰지만 배경이 대부분 중국이고 북경어를 사용하기 때문에 글에서 중국식 표현과 비유를 즐겨 쓰고 있다. 지금은 그가 영어로 쓴 작품을 중국어로 번역하고 있다고 한다. 그가 사용하는 이름 하진은 필명이고 본명은 Xuefei Jin, 우리가 읽는 한문으로는 김설비 즉 성은 김이고 이름은 '눈이 휘날림'이다. 요령성 출신이기에 조선족이 아닌가 하고 조사했더니 만주족이라고 한다. 우리는 김씨 성을 가지면 모두 한국 사람이라고 생각하는데 만주족들이 중국식 이름을 쓰기 시작하며 나라 이름을 성으로 받아들였다고 한다. 따라서 우리도 생각을 다시 해야 되겠다.

그는 지금 보스턴대학 교수로 영문학을 가르치고 있다. 이번 신년연휴에 크루즈로 멕시코 여행하며 그의 작품 ≪The Crazed≫를 읽었다. 공산주의 사회에서 일개 서기로 변질되는 학자상이 혐오스러워 중국을 떠난다. 그의 영어 표현과 문장구성에 찬사를 보내지 않을 수 없었다. 이 작가보다도 미국생활이 거의 두 배인데 때로는 영어표현이 그처럼 자유스럽지 못한 나를 되돌아보게 한다. 참 대단한 작가이고 이 사람한테 배우는 바가 적지 않다. 여행 중에 이 책을 읽으며 나에게 새로운 활력소와 함께 새해 계획을 다짐하게 도와준 '김설비' 작가에게 고마움을 보낸다.

2011년 5월

금년 5월은 예년에 비해 여러 가지 국제적으로나 국내적으로 큰 사건이 있었는가 하면 개인적으로도 변화가 있었던 그런 달이다. 꼭 내 생일달이 있어서 뿐만 아니라 해방 후에 여러 변화 중에 어린이날이 제정되고 소파 방정환 선생의 뜻을 기리는 달이었다. 어린이들을 새로운 미래 역군으로 키우기 위하여 아이들의 날을 지정했다. 이분 이외에 부르기도 힘든 '페스탈로치'라는 유럽의 아동운동가의 이름도 알게 됐다. 그 다음날이 내 생일이어서 어린이날 그리고 그다음에 오는 어버이날 등 5월은 우리 주위를 돌아보게 되는 그런 달이다.

금년 맞는 생일은 내 인생에 한 구비를 넘는 한 해가 되어서 다른 때처럼 그냥 지나고 싶지 않았다. 좀 획기적인 무엇을 하고 싶었다. 어려서부터 가지고 있었던, 하늘을 날고 싶은 마음이 아직도 있어 그것을 실행해 보고자 금요일 아침 일찍 집을 떠나 로다이(스틱턴 근교)로 향했다. 프리웨이를 타지 않고 샛길을 달리며 오랜만의 농지도 보고 강변 도를 달리는 유유자적한 그런 아침이었다.

스카이다이빙하는 비행장에 도착하여 탑승수속을 마친 다음 교관과

스카이다이빙 프로들과 함께 12,000피트 상공에서 뛰어 내렸다. 물론 내 몸은 교관에 연결되었고 비행기에서 낙하하며 모든 컨트롤은 그가 했다. 처음 6,000피트는 낙하산 없이 내려오는 '프리 폴'의 아찔함과 낙하산이 펴지며 오는 마음의 평안함은 참 대조적이고 두려움과 희열이 교차하는 순간이었다. 이렇게 좋은 것을 왜 지금까지 하지 못했는지 모르겠다. 기념하기 위해 낙하하는 내 모습을 촬영하는 사진사도 동행했다.

5월 초는 오사마 빈 라덴이 사살되고 그 시체는 바다에 수장되는 그런 엄청난 사건이 전 세계를 놀라게 하였다. 얼마 후에는 국제적인 신망을 받던 IMF 총재이고 차기 프랑스 대통령 물망에 오르던 스트라우스-칸이 비행기 이륙하기 직전 들이닥친 뉴욕 경찰에 체포되었다. 그가 투숙한 호텔에서 메이드를 겁탈하려던 혐의였다고 한다. 그녀의 신고로 파리로 도망가려다가 비행기 안에서 체포되는 망신을 당했다. 지금 판결을 기다리는 동안 전자 팔찌를 끼고 뉴욕아파트에 연금된 상태다.

그런가 하면 전 주지사 슈워즈네거는 부인과 별거성명이 발표된 지 몇 주 되지 않은 지난주 집안일 돌보던 멕시코계 직원과의 사이에서 아들을 둔 사실이 발표되어 또 놀라게 했다. 이를 두고 ≪타임스≫지의 표지에 왜 성공한 남자들이 저렇게 돼지가 되는지 모르겠다는 글이 실렸다. 여기자의 글이었다. 우리말로 한다면 아마 돼지를 개라고 했을 것이다. 너무 생생하게 기억되는 사건들이 역사의 뒤안길에서 사라진다.

해외 유학을 가려면 군복무를 마쳐야 하는 때였다. 1961년에 대학

3학년을 마치고 해병대에 지원 입대했다. 다른 군에 비해 거의 배가 되는 14주 신병훈련 마치기 2주전이었다. 기상나팔과 함께 진해 교육단 훈련장에 집합한 우리 기수는 단상에서 선창하는 해병대위를 따라 "우리는 반공을 국시의 제 일위로 삼고……." 하면서 군사혁명을 지지했다. 너무 엄청난 사건에 우리 모두 입만 벌리고 다가오는 앞날에 대한 걱정과 흥분이 교차하는 순간이었다.

성난 학생들 사이를 헤집고 다닌 나에게는 4 · 19의거의 흥분이 채 가시기도 전에 닥친 또 하나의 역사적인 사건이었다. 훈련이 중지되고 대기 상태에 들어간 우리에게 간간이 들려오는 이야기는 정부군과 싸우러간다는 이야기였다. 일설에는 서울에 진주한 해병대대의 증원 부대로 간다는 이야기도 있었다. 참 긴박한 순간이었다. 우리는 조국과 민족을 위하여 목숨을 바칠 각오가 된, 잘 훈련된 군인들이었다. 다행인 것은 대한민국 군대끼리의 전투는 없었다.

그리고 50년이 지나 다시 5월을 맞는다. 그리고 금년에 일어난 여러 가지 사건과 함께 미국의 현충일을 기억하며 이달을 보낸다. 징집제가 없는 미국에서는 메모리얼 데이가 국가의 긴장 상태를 겪지 않은 이들에게는 연휴이겠으나 역사의 현장에 있었던 사람들에게는 감회가 깊은 날이다. 이렇게 나는 2011년 5월을 보내며 내년 5월에는 개인적으로 내 주위가 어떻게 변할지 모르지만 어제를 조명하고 오늘을 받아들이고 내일을 사는 그런 지혜를 갖도록 노력할 것이다.

엘리자벳 리

언제부터인가 신문이나 여러 가지 간행물 중에서 읽기가 좋거나 언제 다시 보고 싶고 생각나는 글이 있으면 클리핑하여 보관하는 습관이 생겼다. 매주 쓰는 수요일 칼럼 소재를 찾다가 6년 전인 2003년 6월 1일자 ≪샌프란시스코 크로니컬≫지 부고란에 실린 글을 발견했다. 동양부인의 사진과 함께 6년 전 88세로 세상을 떠난 엘리자벳 리의 이야기였다. 생전에 '달리'라는 닉네임으로 불리기도 했다. 이름도 그렇고하여 으레 중국 사람인가 했는데 기사를 자세히 읽어보니 한국 사람이다. 다이빙으로 올림픽 금메달 받은 우리에게 잘 알려진 새미 리 박사의 누이가 되는 사람이다. 그리고 그의 여동생은 1940년대 북가주 한인감리교회에서 평신도로 많은 활동을 했던 매리 리(손)였다. 그녀의 삶은 1900년대 초기 이민 가정을 그대로 보여주는 듯했다. 그는 북가주 매리스빌에서 태어났다. 당시 쌀 경작 노동자가 많던 지역이어서 아마 부모도 그중 한 사람이었을 것이다. 그의 부모는 후에 나성지역으로 이사 가서 중국음식점을 했다고 한다. 옥시덴탈 칼리지를 거쳐 USC에서 영문학으로 석사를 받은 재원이었다. 다른 이민가정과는 달리 그의 형제들은 높은 교육을 받았다.

≪크로니컬≫지 부고에 의하면 이승만 대통령과 인척관계라고 했는데 아마 영어로 성씨를 Rhee로 써서 그랬지 않았는가 생각도 든다. 아니면 그녀도 이승만 박사와 같은 전주이씨여서 그렇게 이야기했는지 모르지만 우남 선생의 기록을 보면 친척이 미국에 있었다는 이야기가 없다. 그의 동생 새미 리 박사는 Lee라고 성을 표기했다. 당시 인종차별이 심할 때 유명한 허스트 계열 신문사 주필의 보조역으로 취직됐다는 것은 보통일은 아니었다. 아마 주위에서 인정받을 만큼 똑똑한 사람이었는가 보다. 그는 20여 년이 넘게 당대 명성을 떨치던 '스캇 뉴웰' 주필과 함께 크로니컬에서 일을 하다가 뉴웰 주필이 1971년에 샌프란시스코 시장선거에 출마하며 함께 신문사를 퇴직하기에 이르렀다. 시장선거에 그녀의 보스는 낙선했지만 선거 때 보좌관으로 선거 캠페인 매니저로 대단한 활동을 한 인물이었다고 한다.

뉴웰 주필은 UC버클리 도서관에 563페이지에 달하는 구술역사(Oral history)를 은퇴와 함께 기증했다. 그의 분신과 같은 달리에 대해 평하기를 "배포도 크고 막돼먹은 군인처럼 욕을 잘했고 음식은 새처럼 먹고 옷은 패션 디자이너처럼 입었다."라고 한다. 당시에 거세게 불던 여성 운동가들이 신문사에 들어와 항의하고 피켓으로 시위할 때 그녀가 쫓아내리만큼 배짱도 컸던가 보다. 캘리포니아 정치가나 정치 지망생들한테 '달리'는 잘 알려진 인물이었다. 좋은 기사를 부탁도 하고 신문사에 후원도 받으려면 주필을 만나야 되는데 꼭 달리를 거쳐야 됐다고 한다. 대통령에 낙선도 하고 캘리포니아 주지사에 출마한 닉슨 전 대통령은 달리 때문에 주필과 만나지 못해서 애를 태웠다고 했다. 그는 자기 상사를 철통같이 보호했다고 한다. 사무실과 복도가 떠나갈 만큼 육두문자가 섞인 말을 해대니 범죄를 다루는 터프한 남자 기자들도 그와 맞서지 않으려고 피했다고 한다. 지금도 ≪크로니컬≫지의 낯익은 칼 놀티 기자에 의하면 파티 석상에서 어떤 남자가 그녀의 누드사진을 찍었으면 좋겠다고 농담을 하니 왜 50년 전에 묻지 않았느냐고 주저하지도 않고 되받아쳤다고도 한다. 이곳 언론계에서는 말 그대로 주름잡는 사람이었는가 보다.

1970년 초에 우리 동포도 이곳에 제법 살았는데 왜 이런 사람 이야기가 발굴되지 않았는지 모르겠다. 우리 동포 커뮤니티와 연계되었더라면 당시에 정착하는 우리에게 많은 도움을 줄 수 있었을 텐데 하는 아쉬움도 있었다. 아마 그들 1세 부모들의 변두리 생활에 질려서인지 아니면 주류 사회에 적응하기에 바빠서 자기를 키워준 커뮤니티를 돌아보지 않았는지 자세히는 모르겠다. 어쩌면 이민1세 기피현상이 2세가 갖는 공통점인지 모르겠다. 우리 한국 2세만 그런 것이 아니고 비영어권에서 이민 온 가정에서 겪는 공통점일 것이다. 우리가 일반적으로 생각하기는 1.5세나 2세하면 1970년도 이후에 온 이민가정을 예로 드는데 우리 시야를 넓혀 1900년 초 이민가정을 발굴하여 그들을 자라나는 2세들에게 롤 모델로 삼게 했으면 좋겠다. 사회구조가 백인이 아닌 사람한테 여러 가지로 불이익을 줄 때에도 이를 극복하고 주류 사회에서 지도자로, 아시아 여성선구자로 살다간 이분의 명복을 빈다.

02 비 오는 날의 하이쿠

김수임 이야기

불어에 데자뷰(deja vu)라는 말이 있다. 생각하는 것이 실제로 나타나는 현상이라고 하기도 하고 기시의 환각상태라고도 한다. 근래 그런 일을 내가 당하고 마음이 섬뜩한 경험을 했다. 지난번 한국일보 칼럼을 쓰고 난 후 사애라 선생님 글에 사진도 함께 실렸으면 좋겠다는 신문사의 요청을 받았다. 선생님의 사진첩을 한참 넘기다 보니 1939년의 독사진을 발견하고 그것을 싣기로 했다. 결정하고 몇 페이지 넘기니 세브란스 한국의사들과 백인교수 그리고 얼굴이 동그랗고 자그마한 한복 입은 여자 사진이 나온다. 그리고 사진의 인물들의 이름이 한글과 영어로 자세히 사진첩에 기록돼 있다. 1941년에 찍은 사진이다. 한번 본 그 여성의 이름이 좀 특이하다는 생각을 하며 사진첩을 덮었다.

그날이 주일이고 교회 다녀와 다음날 학교 강의 준비할 겸 사무실에 들러 차 한 잔 타놓고 이메일부터 체크하는데 내가 정기적으로 받는 '구글' 북한 뉴스에 AP 특별기사가 났다. 제목이 "너무 늦게 김수임의 진실이 밝혀졌다"였는데 장장 5페이지에 걸친 기사다. 오래전 읽은 한국판 마타하리 사건에 대한 기억이 떠오른다. 그때 사형당한 여인의 아들이 미국이 갖고 있는 기록으로 그녀가 간첩이 아닐 수도 있다는 것을 밝혀내고 AP가 보도한 것이다. 참 안됐다고 생각하며 집에 가는데 내 마음은 어떤 미스터리에 사로 잡혀 있는 기분이었다. 어디서 본 이름인데 생각이 나지 않고 무언가 연결이 되질 않았다. 저녁을 먹고 난 후 책도 손에 잡히지 않았다. 다음날 아침에 세수하다가 사애라(Ella Sharrocks) 선생님 사진첩에서 본 한복 입은 여자가 김수임일 수도 있다는 생각이 번쩍 났다. 아침을 먹는 둥 마는 둥하며 사무실에 도착하여 사진첩을 들춰보니 이름이 틀림없다. 그날 아침에 배달된 한국일보 본국지에 많이 간추린 AP기사가 사진과 함께 실렸다. 틀림없는 김수임의 사진이다. 몸에 소름이 끼친다.

그러고 보니 얼마 전 〈서울 1945년〉이라는 연속극을 아내가 빌려와 보는데 거기서도 들어본 이름이다. 이 여자가 같이 동거하던 미군 헌병사령관에게서 미군이 남한에서 철수한다는 기밀을 한국인 정부 이강국에게 넘겨주었고 미군헌병 사령관의 지프차로 38선을 넘게 했다는 혐의로 체포되었다고 한다. 영어를 잘하는 여인이었다고 한다. 고아인 그녀를 미국 선교사들이 키워 이화여전 영문과를 졸업하고 세브란스에서 선교사들 통역도 했다고 하니 당대의 인텔리였다.

당시 간호학과 과장이었던 선교사의 따님인 사애라 선생님과 그 여자가 같이 일하게 된 게 선생님과의 인연이었을 수도 있다. 당시 군정장관이었던 하지 장군도 베어드 헌병사령관이 그럴 위인도 아니었고 더구나 미군이 철수한다는 것이 미군신문인 The Stars and Stripes에 이미 난 다음이어서 큰 군사 기밀은 아니었다고 밝히기도 했지만 그녀를 구하지는 못했다. 베어드 대령은 당시 미국에서 부인이 서울에 온

상태였다. 정부가 미군 군정에서 한국정부에 이양되며 베어드가 군정 헌병 사령관에서 한국경찰 고문으로 근무할 때 김수임은 한국경찰에 의하여 간첩혐의로 체포되었다고 한다. 당시 한국경찰의 소행을 잘 아는 그나 그의 동료들이 김수임이 체포될 때 왜 가만있었는지 모르겠다. 미 헌병대에서 일한 그녀를 미군당국은 수수방관한 이유를 알 수 없다.

당시에 나이가 56살인 베어드는 거의 30여 년 아래인 젊은 여자를 결혼조건으로 동거했다고 한다. 한국경찰에 1950년 3월 1일에 체포됐고 같은 해 6월 14일 베어드 대령이 미국으로 떠난 9일 만에 사형을 당했다고 한다. 베어드 대령을 닮은 김원일 박사는 수소문하여 나이가 90여 세에 가까운 그의 아버지를 양로원에 찾아갔으나 반가워하지 않았다 한다. 그렇지만 그의 가족들은 그를 따듯하게 받아들였다고 한다. 김 박사는 당시 사형을 언도했던 판사 5명 중에 한 사람을 한국에서 만났다. 그 판사의 이야기가 김수임이 그렇게 나쁜 사람 같지는 않았다고 했다. 마지막 형을 언도받을 때 김수임은 들것에 실려 들어왔다고 한다. 아마 고문에 못 이겨 허위자백한 게 아닌가라고 한다. 이러한 사실은 AP에 실린 영어 기사 중에 본국지에 빠진 것을 간추려서 쓴 것이다.

이제 70여 년 된 사진을 보며 정치이념과 사랑 속에서 불행하게 간 한 여자를 생각한다. 1911년생이니 40도 안 된 한 여자의 생각이 뇌리에서 떠나지를 않는다. 간첩이었는지 아닌지 잘잘못을 따지기 전에 우리와는 상관이 없던 이념 싸움에서 희생당한 한 여자의 슬픈 이야기가 6·25를 겪은 우리에게는 남의 일같이 들리지 않는다. 이렇게 진실을 파헤친 그의 아들 김원일 박사와 같은 세대를 산 내가 위로의 말을 보낸다.

부고

한평생을 살다가 세상을 떠난 사람을 위하여 유가족과 친지들은 고인을 기리는 추모의식을 갖는다. 모임을 갖는 형태도 여러 가지다. 많은 동포들의 장례는 주로 기독교 의식으로 하고 참여하는 사람들은 검은 옷을 입고 고인과 유가족에게 예의를 갖춘다. 삶을 힘들게 살다간 사람들이 있는가 하면 매 순간 순간을 보람 있게 살다간 사람 등 여러 가지로 인생을 마치겠지만 참석 수에 따라서 고인의 사람됨됨을 평가하기도 한다. 엄숙하게 검은 띠가 둘러져 있는 신문부고 광고를 보면 어떻게 살다간 사람인지 알 수가 없다. 일반적으로 부고 내용은 비슷하다. 추모예배시간, 발인예배, 영결예배 등의 순서이다.

오래 이곳에 살면서 우리 것과 미국의 부고를 비교하게 된다. 19세기이전까지만 해도 미국도 우리와 다름없이 친지나 가족들에게 사망을 알릴 때 지금 우리가 하는 식이었다.

사망자의 이름, 생년월일, 사망일 그리고 유족이 포함된 부고장을 보내거나 신문에 광고를 게재했다. 19세기에 접어들며 영국 ≪런던 타임스≫ 편집국장 '존 딜레인'이 신문에 정기 부고란을 신설한 것이 지금 미국신문의 정기 부고란의 출발점이 된다. 그는 그저 간단한 사망자의 안내보다는 그의 생애 등 자세한 이야기를 싣자고 했다. 이런 특이한 발상은 광고 수입 증가 이외에도 구독자도 많이 늘게 했다고 한다. ≪더 타임스≫는 상업적인 광고보다는 품위있게 고인을 소개 하는 것을 잊지 않았다. 이렇게 시작한 신문 부고는 인터넷 발전과 함께 광고 모양도 지금까지 여러 형태로 바뀌게 된다.

역시 영국에서 시작한 광고가 돼서인지 유명한 ≪더 이코노미스트(The Economist)≫지도 일주일에 한 번씩 부고 광고를 한 페이지 전면에 실린다. 더 재미있는 것은 영국의사 협회에서 회원들에게 살아 있는 동안 본인의 부고를 작성해 놓으라고 권유도 한다. 이런 전통을 받은 미국신문도 영국에 뒤떨어질세라 부고 광고에 신경을 쓴다. ≪샌프란시스코 크로니컬≫지의 일요판 광고도 4페이지가 넘는다. 읽어 보면 미국 사회의 흐름을 알 수 있다. 광고 형태도 참 여러 가지다. 짧은 부고가 있는가 하면 장장이 여러 칼럼에 실리는 것도 있다. 젊었을 때 사진도 실리지만 생전 모습을 가장 잘 나타난 것으로 실리거나 군대에서 제대 한 사람들은 군복 입은 사진과 함께 예전의 계급을 나타낸다. 경찰이나 소방관도 제복을 입은 사진이 실린다.

부고를 읽으면 그 사람의 한평생을 일목요연하게 알 수 있다. 출생지와 가족 상황, 유치원 이름으로부터 최종학교 졸업년도, 그리고 사회에 진출한 경력도 자세하다. 그 이외에 종교, 봉사활동도 자세하게 알린다. 그런가 하면 지난주 일요판에는 마린 카운티에 살다가 작고한 사람의 부고가 큼직한 사진과 함께 광고에 절반을 차지한다. 마치 그 사람의 자서전을 읽는 것 같았다. 평생을 보람 있게 살다간 사람의 마지막을 장식하는 모습이 보기 좋았다.

여러 해 동안 주류 신문 부고란에 난 우리 동포는 몇 사람이 없다. 그중에서 인상이 남았던 것은 ≪크로니컬≫지 편집국장 비서를 역임했던 새미 리 박사의 여동생 이야기가 기억난다. 그냥 비서가 아니었고 편집국장과 함께 언론계에 막강한 영향력이 있었던 우리 동포 이야기이었다.

우리도 전형적인 부고 방식에서 벗어나 한세상을 떠나는 길을 아름답게 배웅을 하며 그의 인생을 조명하는 것도 의미가 있겠다. 자서전 같은 부고를 읽으며 새로운 충격과 도전에 마주친다. 나는 가끔 마음이 울적할 때 나보다 먼저 간 사람들의 이야기를 읽으며 오늘의 나를 보게 된다. 우리 동포 신문도 이런 자서전 같은 부고 칼럼 캠페인을 벌이는 것도 보람이 있겠다. 아마 상업성도 있겠지만 갓 이민 온 사람들이나 삶의 그늘에서 사는 이들에게 거울도 되겠다. 부고는 슬픈 이야기만 전하는 게 아니고 세상을 떠난 사람의 생을 알리며 오늘의 우리를 보게 되는 길잡이도 되겠다.

비 오는 날의 하이쿠

며칠 전 ≪오클랜드 트리뷴≫지에 자연을 소재로 하는 하이쿠 시가 소개되어 우리의 관심을 끈다. 일본 사람이 쓴 것이 아니고 베이 에리아 거주하는 아마추어 시인들이 쓴 것이라서 더 두드러지는지도 모르겠다. 여러 시 중에서 몇 개를 소개한다.

Rain pours down again,
Umbrella, towels, raincoat,
A wet slog with dog. Carole Levenson, Oakland

Our Mill Valley home
Slipped down the hill slow,
Then crushed Nino '98. Leslie Ragsdale, Burlingame,

Cold rain, a hot kiss
Under a wet umbrella
Romantic, n'est-ce pas? Marilyn Slade, Pleasanton

이 짧고 함축된 세 편이 계절과 우리 주위를 이야기하고 매일 오는 비에 우울해지는 하이쿠 시인들의 마음을 나타낸다. 추운 겨울날 함빡 비를 맞은 개의 으스스한 모습을 간결한 글에 옮긴 거라든지, 1998년 언덕 지반이 밀려가며 집이 파괴되는 아픔을 표현하기도 한다. 비 오는 추운 날 우산 속에서 뜨거운 키스를 나누며 불어로 동의를 구하는 여자의 낭만 등 시인의 마음을 글에 싣는다. 이글이 젊음을 생각게 하며 시인이 되고 싶다는 마음을 갖게 한 것은 나 혼자만이 아닐 것이다.

그런가 하면 전통적인 일본 하이쿠 시인 몇 사람의 비를 소재로 한 시를 함께 나누려고 한다.

겨울비 속에 저 돌부처는 누구를 기다리는 건가—이싸

첫 겨울비가 내리며 나무의 그루터기가 검어질 때까지—바쇼

초겨울비가 내리며 내 이름은 방랑자—바쇼

몇 백 년 사이를 두고 쓴 글이지만 서양 사람들과 동양 사람들의 겨울비를 보는 모습이 다르며 우리의 마음을 적셔 준다. 서양 사람들은 퍽 동적인 반면에 동양 사람들은 정적이다. 류시화 시인에 의하면 하이쿠는 세계에서 가장 짧은 시 형체고 이는 한 줄의 운문으로 계절과 자연을 노래하면서도 인간의 실존에 가장 근접한 문학으로 평가받는다고 한다. 알기로는 이런 시 형체는 한국의 가장 짧은 형태인 시조에 비해 3분의 1의 길이밖에 되지 않는다고 한다. 그리고 17글자로 넓

은 우주와 사계절의 시간을 표현하는 하이쿠는 역시 축소 지향을 나타내는 일본 문화의 근간을 이야기한다고 이어령 교수는 이야기하기도 한다. 하이쿠는 이제는 전 세계에 소개되고 애호를 받는다.

내가 처음 하이쿠를 접한 것은 대학 초년생 때이다. 영어 과목 시간에 서양고전과 함께 바쇼의 여행기를 읽을 때였다. 그렇게 짧은 글에 우주를 담는다는 백인 교수의 강의를 들으며 상상의 날개를 단 경험을 했다. 바쇼는 우리말로 파초라고 한다. 해방되며 우리 문학 작품에 파초라는 말이 많이 등장한 것은 혹시 그의 이름이 가져다 주는 뜻이 좋아 모방한 게 아닌가 하고도 생각한 때도 있었다.

바쇼는 17세기 일본에서 살았던 대표적인 하이쿠 시인이다. 간결한 시 형체가 미국을 비롯한 유럽 여러 나라에 소개되었다. 이런 이야기가 있다. 불란서 어느 대학에서 하이쿠 시를 강연하는데 학생들이 본문은 언제 하느냐고 물었다고 했다. 이번에 겨울 장맛비를 맞으며 하이쿠 시를 발표한 ≪오클랜드 트리뷴≫지를 읽으며 계절을 가깝게 느끼기도 한다. 시인들은 5-7-5 형식의 하이쿠 시를 써서 Insidebayarea.com/haiku로 보내면 심사를 거쳐 실리기도 하고 나름대로 서클을 만들어 활발한 창작 활동을 하기도 한다.

바쁜 생활을 비켜가며 이 짧은 시로 하루를 담을 수도 있겠다. 그리고 짧은 시간 속에서 세계를 본다는 사람도 있다. 일기예보에 이번 주말에도 비가 온다고 하는데 바쇼의 하이쿠를 읽으며 바쁜 일정에서 자연과 가까워지고 싶다.

사애라 선생님(미세스 에비슨)

1960년대 북가주 산타로사에서 공부한 한국 유학생 치고 미세스 에비슨(에이비슨)을 모르는 사람이 없을 것이다. 당시 60이 넘은 이분은 몸가짐이라든지 생각하는 것이 한국사람보다도 더 한국 사람이었다.

1890년 말에 평안북도 선천에서 태어난 분이다. 아버지 샤록스(한국명 사락수) 박사는 기독교 선교가 금지된 이조말에 의료 구제 명목으로 한국에 입국하였다. 서울에 거주하며 언더우드, 에비슨 등과 함께 미국의료 서적을 한글로 번역하였다고 한다. (이들이 서울에서 시작한 병원, 이후에 세브란스로 된다.) 장로교 선교 단체에서 기독교의 불모지인 평안북도에 파송받게 되었다. 그는 중국에서 멀지않은 선천에서 병원을 시작하고 다음은 소학교 과정부터 고등학교와 더불어 기독교 선교가 허락된 다음 장로교회를 창립하기에 이르렀다. 그 와중에서 조선 장로교 노회도 설립하고 삼대까지 서기와 회계를 겸했다. 초대 회장은 기독교 선교에 잘 알려진 마펫, 언더우드 같은 사람들이 맡았다.

당시만 해도 선교사 자녀들이 다닐 학교가 없어 맏딸인 사애라(엘라 샤록스)와 두 동생은 부모한테서 소학교와 중고등 과정을 교육받고 미국에 와서 대학과정을 공부했다고 한다. 목사와 의사를 겸한 아버지의 영향을 받아 맏딸은 뉴욕에서 간호학교 마치고 남동생은 스탠퍼드 의과 대학을 졸업했다. 이분이 간호학교 다니며 동급생들이 출신지를 물을 때 한국이라 하니 퍽 의아해하며 한국 사람이 어떻게 우리와 생김새도 같고 영어로 말을 하느냐고 했다는 웃지 못할 이야기도 있다 한다. 자세한 이야기는 하지 않지만 사애라 선생님은 선천에서 '낙준'이와 같이 자랐다고 한다. 이분은 후에 연세대학 총장을 지낸 백낙준 박사다. 뉴욕에서 간호학교 마치고 세브란스에 돌아와 한국 여학생들에게 간호학을 가리키며 병원에서 근무하기도 했다.

간호사 양성과 함께 국제 간호학회에 한국여성을 참석하게 하기도 했다. 샤록스 가족의 한국 사람과 한국기독교에 대한 헌신은 참 대단하고 100여 년이 지난 지금 한국선교사 해외파송에 귀감이 될 만하다. 아버지는 젊은 나이에 북가주에서 의사 개업할 수도 있었지만 미지의 나라 한국을 지원하여 불철주야로 병원 일과 그가 설립한 학교와 교회 일을 하다가 기미년(1919) 3 · 1운동이 있던 그해 가을 한국에서 얻은 병을 치료차 미국에 왔다가 젊은 나이에 세상을 떠났다.

사애라 선생님은 어머니와 함께 당시만 해도 잘 알려지지도 않고 지원자도 많지 않은 간호학을 한국여성들에게 전수하며 평생을 바치다가 일본과 미국이 전쟁할 1940년대에 미국으로 송환되게 된다.

이만열 교수가 저술한 한국기독 의료사에 의하면 사애라 선생님은 안동 성소병원을 한국의사와 함께 운영하고 대구 병원에서 근무했다고 한다. 1930년대에는 동생들이 공부하는 버클리에서 공부도 하며 오클랜드 메릿 호숫가 아파트에 살기도 했는데 그 건물은 아직도 남아있다.

명절이면 여동생과 곱게 한복도 차려입고 학교 행사에 참석했다고도 한다. 당시에 버클리 대학에 한국을 대표하는 사람들은 아마 이 두 자매밖에는 없었을 것이다.

선교사 자녀들은 맥큔 박사 같은 선교사 2세들로 조직된 BIK(Born in Korea)라는 기구를 만들어 한국을 돕는 일에 최선을 다한 분들이다. 사애라 선생님은 그 이후에 대만과 인연을 맺어 중국문화에 심취하기도 했다고 한다. 삼형제 중에서 여동생 매리안은 살기가 힘들었던 평안도 생활이 지긋지긋 했다 하며 될 수 있으면 자신이 선교사 가족이라는 것도 숨기고 싶었다고 한다. 후에 매리안도 한국에 가서 이화대학에서 가르친 인연으로 세상을 떠나며 이화국제재단에 장학금을 남기기도 했다. 남동생은 아버지를 기리는 기금으로 의사가 되어 산타로사 인근에 위치한 세바스토폴에서 개업하며 샤록스 가족에 새로운 삶의 근거지가 된다. 사애라 선생님은 50이 훨씬 넘어 동생이 있는 산타로사에 정착해 살며 산타로사 주니어 칼리지에서 간호학과를 책임지며 가르치다가 세브란스 창설자 중에 한 사람인 에비슨 박사 아들 고든 에비슨 씨와 결혼을 했다.

사애라 선생님은 당시에 이곳에 오는 한국 학생들을 만나게 된다. 문제가 생기면 그분이 앞장을 서서 해결해 주기도 하고 추수 감사절이나 성탄절이면 이국에서 공부하는 한국 유학생을 모두 불러 잔치를 순수한 요리로 했는데 어떤 때는 김치 비슷한 것도 내놓기도 했다. 거처가 필요한 학생한테는 한 달에 $50씩 받고 방 하나에 음식까지 제공하기도 했다. 돈이 없으면 그냥 지내게도 했다. 그리고 한국학생들 영어 지도도 해 주신 분이다. 후에 안 일이지만 결혼 전 내 아내도 이분한테 개인교습을 받았다고 한다.

거실에 동양화 한 폭이 걸려 있었는데 우리에게 늘 자랑하기도 했었다. 1930년대 말 듣지도, 말도 못하는 청년 화가를 세브란스에서 치료해 주었는데 이분이 당시 선전(조선 미술전)에 입선한 운보 김기창이라고 했다. 김 화백이 감사 표시로 선사한 것이라고 퍽 소중이 간직하며 자랑하기도 하였다. 선생님은 내가 1970년에 결혼할 때에 어머니가 안 계신 나에게 어머니를 대신해 식장에 계셔 주신 분이기도 하다.

이제 8월에 접어들어 40여 년 전 평안도 사투리로 우리말을 하시던 선생님이 그리워지고 한국 사람보다 더 한국 사람이셨던 선생님 생각이 난다.

사주 카페

지난 9월에 5년 만에 귀국 했을 때였다. 참석했던 대회도 마치고 그동안 필요로 했던 자료도 수집할 겸 서울에 며칠 있었다. 강북에 위치한 호텔에 머물며 근처 분식집에서 간단한 요기를 하고 하루 종일 60여 년 전에 살던 곳을 찾아다니며 사진도 찍고 메모도 했다.

여러 번 서울 방문 때 내가 살던 곳의 자료를 수집해보려고 시도했으나 같이 간 일행도 있고 자동차로 다니니 수월하지 않았다. 이번에 하루 4시간 5시간씩 걸어 다니며 기억에만 있던 서울거리를 보게 된 것이 여간 다행스럽지 않았다. 걸어 다니니 눈에 자주 뜨이는 곳이 사주 카페라는 곳이다. 시내 중심가 특히 인사동에 여러 군데 있다. 녹차도 즐기며 쉬어 가라고 선전도 한다. 몇 번 지나치다 궁금하기도 하여 마음먹고 한곳에 가니 추석 연휴라 문을 닫는다는 표지가 붙어있었다. 자세히 안내판을 보니 사주보는 곳이었다.

우리 자랄 때 시장 바닥에 멍석을 펴놓고 장보는 아낙네들에게 인생상담도 하던 그런 곳이었다. 어려운 시대를 살던 우리 모두에게 마음의 위로를 주기도 한 생활의 일부처럼. 돈이 넉넉한 사람들은 용하다는 곳을 찾아 자녀들의 혼사나 사업의 성패를 상담하는가 하면 정치인들은 그들의 정치생명도 점치려 자주 찾아 다녔다. 어떤 곳은 자가용 차들이 길을 메우리 만큼 잘되는 곳도 있었다. 살기가 어려울 때는 그런가보다 했는데 세계적으로 경제대국에 접어든 나라에서 아직도 그런 곳이 성행하는 것을 보니 신기하기도 하고 이름은 달라졌지만 50년대의 향수를 느끼게도 했다.

장래를 알고 싶은 마음이 인지상정일 테고 동서양이 다르지 않은가 보다. 미국도시 후미진 곳에 포춘텔러나 패를 갖고 점을 봐주는 곳이 여러 군데 있다. 그저 그런 곳이 있는가 보다 했는데 근래 경제사정이 악화되며 이용도가 많아졌다는 특집 신문 기사가 났다. 살기 힘들 때 마음을 호소하고 의지하고 싶은 것은 인간의 근본적인 욕구일 것이다.

이민자뿐만 아니고 우리 모두가 참 어렵게 살아온 지난 몇 년이었다. 집 차압은 다반사이고 실직을 하거나 사업실패 등 끊임없는 일들이 우리를 괴롭게 했다. 그 기사에 의하면 한 백인 여성은 경제가 어려워지자 직장에서 해고를 당하고 얼마 후에 남편한데 이혼을 당했는가 하면 중병에 걸리기도 했다.

미국 사람들이 이야기하는 '머피 법칙(Murphy's Law)'에 걸렸는가 보다. 즉 안 되려면 한꺼번에 불행이 닥친다는 그런 표현이다. 여러 군데 도움을 청하다가 인터넷을 통하여 '점쟁이'를 알게 되고 그가 권유하는 부적과 상품을 사용하니 신기하게도 직장을 다시 찾고 건강도 회복했다는 기사였으며, 그 이후 정기적으로 그로부터 상담을 받는다고 한다. 주위가 어려우니 장래를 점치는 사업이 성업 중인가 보다. 더구나 우리에게 가까운 인터넷 매체가 예전에는 꺼리던 일도 쉽게 할 수 있게 한다.

전에는 주위에 눈치가 보여 쉽게 갈 수 없는 곳이었다. 이런 것이 남의 일 만은 아니다. 우리 동포 사회에도 용하게 점 보는 사람 있어 정기적으로 그들을 찾아가는 사람도 있다고 한다. 그런데 들리는 말에 의하면 이곳을 자주 찾는 사람 중에 기독교 신자가 많다 하니 놀랍다. 사주를 본다는 자체의 잘잘못을 이야기하자는 것이 아니다. 어쩌면 샤머니즘에 익숙한 우리에게 쉽게 다가오는 현상인지도 모르겠다.

우리에게 오랫동안 몸에 밴 습관에 연유를 둔 고향을 찾는 그런 마음일 것이다. 다시 서울을 찾게 되면 지난번 가보지 못한 사주 카페에 가서 전통차도 즐기며 역사에게 내 인생풀이도 두고 싶다. 그리고 내가 전쟁 때 동대문 시장바닥에서 공짜로 본 사주팔자와 비교도 해야겠다. 어려서는 고생을 하겠지만 커서는 잘되겠다는 그런 것을…….

전쟁 직후 어려운 상황에서 그 이외에는 다른 말로 마음의 상처를 위로 할 수는 없었을 것이다. 사주팔자 보는 집이 어렵고 의지할 데 없는 사람들에게 안식처가 되었을 것이고 지금도 그런가 보다.

세상에 부러움이 없어라

얼마 전 ≪뉴욕 타임스≫에 ≪Nothing to Envy≫라는 책이 소개되었다. ≪LA타임스≫지 북경과 서울 특파원을 지낸 바바라 데믹이 실존인물을 배경으로 한 이야기다. 북한에 특별한 관심이 있어 그곳을 몇 번 다녀와서도 자세히 알 수 없어 탈북자를 인터뷰하며 이야기를 썼다고 한다.

조지 오웰의 1984년보다 더 심한 이북사회에서 고통 받는 내 동포를 보며 마음이 아팠다. 어쩌면 책의 배경이 내가 출생한 함경도여서 더 했는지도 모르겠다. 어떤 이유여서인지 저자는 함경북도 청진과 경성군을 무대로 하여 이야기를 전개하고 있다. 내가 알고 있는 청진 출신분에게 물어보니 비교적 장소 기술이 제대로 돼 있다고 한다.

바바라 데믹은 이 책을 쓰기 위하여 7년 동안 이북의 정치, 경제, 사회 등을 연구하며 자료를 수집했다. 한글을 모르는 필자는 한국과 관련된 사람들을 직접 만나고 준비했다. 그중에서 도널드 그레그전 주한 미국대사, ≪한국 사람≫이란 제목의 책을 쓴 마이클 브린 등이 포함되어있다. 한국 사람이 아니어서 객관적으로 보는 눈으로 인물 등을 부각시킨 게 이 책의 특징이기도 하다. 우리가 그냥 알고 있는 정치적인 이북사람들을 기술한 게 아니고 사회주의라는 이름의 독재사회에서 사는 6명의 보통사람들의 일상적인 이야기를 한 것이다.

6명 중에 대학생, 학교 선생, 의사 그리고 절도범 등의 이야기를 따로 따로 기술하고 있다. 이북 주민들은 GNP가 700여 불 조금 넘는 나라에서 요람에서 무덤까지 절대적인 통제를 받는다. 하루에 14시간씩 직장과 인민 반에서 집중적인 세뇌교육을 받으며 조금 이상하면 자아비판을 한다.

그리고 정부가 운영하는 유치원에서 아이들은 자란다. 식량이 부족하여 집 앞에 그물을 쳐놓고 새를 잡아먹거나 소나무 껍질가루를 먹기도 한다. 어른들은 그런대로 이런 것을 소화하는데 면역성이 없는 아이들은 병에 걸려 죽어가고 있다. 6명 중에 한 사람인 유치원 선생은 처음 학생이 50여 명이다가 나중에는 15명밖에 남지 않았다고 한다. 유치원생들은 먹지 못하고 힘이 없어 학교에 오지 못하고 그냥 죽어간다고 한다.

거리에서 죽은 시체는 달구지에 실어 구덩이에 매장한다. 이런 사회 속에서 사기 치고 도둑질하는 사람들은 용케 살아남는데 정부의 이야기를 그대로 따르고 암시장을 이용하지 않는 사람들은 굶어 죽는다. 이 사회에서 적은 범법행위도 공개 총살시킨다. 들어오지 않는 전깃줄을 끊어 음식과 바꾸어 먹었다고 총살시킨다. 일거리가 없어 공장에 가지 않고 집에 있다고 해서 30일간 강제 노동 수용소에 보내진다. 이런 와중에도 전기가 없는 거리에서 데이트하는 젊은이들이 있는가 하면 유부녀들이 몸을 팔아 가족을 부양하기도 한다.

1990년대 이 책에 나오는 주인공들은 그들의 나라 조선민주주의 인민공화국이 거짓 속에 세워진 것을 알고 있으면서도 반항을 하지 못한다. 모범적이고 성분이 좋아 평양으로 유학 온 대학생이 금지된 남한 TV와 방송을 듣고 허구 속에 살아왔다는 것을 안다. 이 대학생의 생각을 결정적으로 바꾼 사건은 비 오는 평양 기차역에서 노래하며 구걸하는 아이를 본 다음이었다. "김정일 장군이 있으니 세상에서 부러움이 없어라"라는 사뭇 애국적인 노래를 듣는 순간이었다고 하며 탈북을 결심한다.

함경도 탈북자들은 두만강을 건너 중국에 있는 한국영사관에 협조를 요청하거나 아니면 몽고까지 가서 한국으로 추방되는 방법을 취한다. 어떤 경우에는 가짜 여권으로 한국에 도착하여 자수하기도 한다. 저자에 의하면 한국은 이들에게 동일언어 이외에 동질성이 전혀 없다고 하며 이질문화에 탈북자들은 팽개쳐진다고 한다. 그들이 자유 경제사회에 적응하는 데 겪는 어려움도 적지 않다고 한다. 허지만 그들은 이제 자유스럽게 이야기를 할 수 있었고 바바라 데익은 그들의 이야기를 듣고 우리에게 전해 준다. 서서히 죽어가는 사회를 쓴 이 책을 읽으며 마음이 답답했다. 이북을 경험한 우리가 쓴 책이 아니고 외국인이 객관적인 눈으로 보고 충분한 자료에 근거한 책이어서 값어치가 더 있다.

여자 군인

근래 한동안 남자들의 영역이던 군에 여자들이 두드러지게 많이 입대하여 우리의 시선을 집중시켰다. 얼마 전 동료의 소개로 동포 가정법 여변호사를 소개받았다. 대형 회계 법인에서 CPA로 오래 일을 하다가 늦게 변호사가 됐다고 한다. 이유는 묻지 않았는데 어려운 결정을 어떻게 했느냐고 물었더니 그냥 웃기만 한다. 학부 이야기를 하니 고등학교 졸업과 함께 공군사병으로 4년간 복무한 다음 주립대학에서 회계학을 전공했다고 한다. 아마 GI Bill로 학교를 다녔는가 보다. 자세히 말은 하지 않지만 법과대학도 그렇게 마쳤을 것이다. 정부가 군인들에게 주는 혜택을 적절하게 받은 본보기라 할 수 있다.

한국에서 가발공장에 다니다 본인의 말대로 식모로 취직되어 미국에 온 서진규 박사 이야기도 생각난다. 그녀는 결혼 생활이 순탄치 않아 26세에 육군사병으로 입대한 다음 근무성적이 탁월하여 보병학교 수료와 함께 장교로 임관했다. 그녀는 그리 쉽지만은 않은 소령까지 진급하여 근무하다가 얼마 전 예편했다. 군 복무 후에는 그 어렵다던 하버드 대학에 들어가서 박사까지 되었다. 그리고 ≪나는 희망의 증거가 되고 싶다≫라는 책을 한글로 출판도 했다. 참 가슴 뿌듯한 이야기다. 역경을 거치지 않고 자란 사람에게는 잘 모를 인간 승리의 표본이다. 아마 이런 일은 기회의 나라 미국이 아니면 힘들었을 것이다. 더구나 남자들도 피해가려는 군대에 입대하여 여러 해 복무한다는 것은 그리 쉽지만은 않았기에 더욱 그러하다.

이렇게 주위가 부러워하는 경우가 있는가 하면 눈에 띄지 않고 조용하게 군 생활하는 여자 군인도 적지 않다. 미국이 테러리스트한테 피해를 입은 후부터는 이란과 아프가니스탄에 여자 군인들도 남자와 같이 파송되고 있다. 근래 통계에 의하면 여군이 전체 병력에 15%를 차지하고 예비역에 18% 등 무시할 수 없는 숫자라고 한다. 지금까지 여군은 140명이 전사했다고 한다. 잘 알려지지는 않았지만 상이군인이 772명이라고 하니 참 놀랍다. 알기로는 여자라고 해서 봐주는 것도 없이 혹독한 훈련을 남자들과 함께 받게 한다. 아마 유격전 등 특수 훈련도 받는가 보다. 오래전에 영화배우 데비 무어가 힘들기로 정평이 난 '네이비 실스' 훈련을 마치는 영화를 본 기억도 난다.

우리가 한국에서 알고 있던 여군 하면 간호 장교쯤으로 알던 시기는 지나갔는가 보다. 더구나 미군에서는 여자 전투군 지휘관이 있는가 하면 이번 NATO군의 리비아 군 기지 폭격을 지휘한 사령관이 미국 여장성이었다. 이렇게 해서 실제 전투에 참여 하는 경우가 적지 않다. 여성들이 국가 위기에 지원하여 나라를 구한 경우는 허다하다. 용맹한 여자 전사를 따지자면 남미의 전설적인 '아마존'을 들 수 있을 것이다. 미국 남북전쟁 때 여자들이 남자군인 복장을 하고 적군과 싸운 경우도 많았다. 가깝게는 여자도 군에 징집하는 이스라엘을 들 수 있다. 이를 본떠 한동안 여성 인권운동이 심할 때는 미국에서 여성도 징집해야 된다는 여론이 일기도 했었다.

기록에 의하면 한국전쟁이 발발한 1950년에 3일 만에 서울을 적군에 내주고 계속 남쪽으로 밀리고 있을 때였다. 9월 초에 육군 여자의용군이 창설되어 국방의 일익을 담당했는가 하면 해병대는 그보다 일주일 먼저 제주도에서 여자해병을 모집하여 인천상륙작전에 투입된 남자해병의 후방임무를 담당하게 했다. 약 100여 명이 장교로 하사관으로 근무하기도 했다. 이렇게 여자군인들이 국방의무에 혼신을 다한 경우가 많다. 군에서 복무하는 여자군인은 이제 남자에게만 허용되던 특수병과도 함께 공유한다. 그리고 이러한 군 조직을 통하여 새로운 인생의 발판을 마련한 이들의 대견스러운 모습도 보았다. 그러고 보면 군 복무기간이 누가 이야기한 것처럼 썩는 생활만은 아닌가 보다. 이제 메모리얼 데이와 제헌절을 보내며 미국에서나 한국전쟁에서 희생을 감수한 여자군인들을 다시 생각하게 되고 다시 한 번 그들에게 찬사를 보낸다.

오디오 북

10여 년 전 우연한 기회에 ‘듣는 책’을 소개받고 즐기고 있다. 듣는다는 것이 좀 이상하게 생각되겠지만 바쁜 생활에 여유롭게 책을 읽을 수 없는 사람들에게는 아주 유익하다. 당시에는 매달 Books on Tape에서 오는 ‘카탈로그’ 보고 주문하면 도착하는데 이 주나 삼 주씩 걸리기도 하여 기대에 차서 올 때쯤이면 연신 우편배달부를 기다리곤 했다. 처음에는 음질도 그저 그랬으나 가져다주는 정보도 좋고 내용도 좋아서 더 즐기게 되었다. 그때는 베스트셀러 소설류를 주로 들었으며 계속 알아보고 나름대로 인터넷 검색도 하다 보니 지금 애용하는 두 곳을 알게 되었다. Audible.com에서 직접 다운로드하여 당장 들을 수 있고 그들의 말로는 20,000여 권 이상 비치되었다고 하며 베스트셀러 책이 나온 얼마 후면 오디오 형태로 시중에 소개된다고 한다.

이 책들은 보통 6시간부터 10시간에 걸쳐서 듣는데 사무실 출퇴근 시간에 들으면 일주일이나 열흘이면 한 권의 책을 다 듣게 된다. 듣는데 집중할 시간이 한정되어 있어 여러 번 다시 들을 때도 있지만 나름대로 만족스럽다. 특히 저자가 생존해 있는 사람들의 오디오 북은 더

들을 만하다. 전 대통령 빌 클린턴의 ≪My Life≫는 그의 육성으로 들으니 마치 가까이서 이야기하는 듯하고 지금 한참 인기를 끌고 있고 민주당 대통령 유력 후보인 버락 오바마의 육성 오디오 북을 들을 때는 그동안 잘 알지 못했던 그의 정치 그의 삶을 접하게 되는 기회가 되어 아주 좋다. 얼마 전에 계속해서 세 번이나 들은 Rhonda Byrne의 ≪Secret≫은 근래 보기 드문 걸작이다. 문학적이나 철학적인 가치를 떠나 우리가 매일 어떻게 긍정적으로 살아야 됨을 이야기하는 책이어서인지 여러 주 동안 전국 논픽션 분야에서 제1위를 놓치지 않았다. 오스트레일리아 액센트가 있는 저자의 목소리가 이 책의 구색을 더 갖추게 한다.

몇 년 전 우연한 기회에 The Teaching Company라는 오디오 북 회사에서 나오는 책을 듣게 될 기회가 있었다. 소개한 그대로 대학 강의를 듣는 책이다. 저자가 직접 강의를 하는데 각 분야의 우수한 대학교수들이다. 강의 노트도 테이프와 함께 주문하면 따라 가기가 좀 수월하다. 이렇게 하여 지난 여러 해 동안 많이 소화는 못했지만 그동안 시간이 없어 읽지 못했던 유럽과 미국의 정치, 경제, 역사, 철학, 문학, 종교 등 유명한 책을 많이 접하게 되었다. 책값도 세일할 때면 $40 정도 하니 다른 어떤 것보다 더 실리가 있다. 또한 지난 여러 해 동안 나만의 지식에서 갖는 포만감을 만끽할 수도 있다.

얼마 전 한국 철학계에서 잘 알려진 H군한테 이런 오디오 북을 서울에 좀 소개하는 것이 어떠냐고 하니 현재 우리말로 된 것이 좀 있기는 한데 수요가 많지 않다고 한다. 차라리 출퇴근길 차 속에서 라디오나 음악을 듣게 되지 머리 아프게 복잡한 것은 듣고 싶어 하지 않는다고 한다. 누군가 이야기하듯이 한국인 정서에 맞지 않는다는 것이다. 오디오 북을 한 번 듣고 잘됐다고 생각되면 글로 써진 책을 사서 본다. 나도 몇 번 그렇게 읽었는데 재미가 더하다. 근래 매일 두 책을 듣고 있다. 하나는 매일 아침 4mile 걸으며 듣고 있는 크리스 카울리의 ≪Younger Next Year≫이고, 출퇴근 때 듣는 18세기를 살았던 프랑스 철학자 볼테르를 소개한 책이다. 이렇게 해서라도 메말라가는 이민 생활에 윤기를 내게 하고 싶다. 나는 오디오 북이 참 좋다.

옷차림

저명한 여류 소설가 '다니엘 스틸'이 얼마 전 신문 인터뷰에서 한 말이 생각난다. 샌프란시스코는 아이들 기르기는 좋은 곳일지 모르지만 이제 떠나야 될 곳이라고 했다. 그가 옛날 알던 도시와는 달리 지금은 멋을 잃어버린 보잘 것 없는 곳으로 변했다는 혹평이다. 이제 정장을 입은 사람은 보기도 힘들고 멋쟁이들은 간 곳 없고 모두 촌사람 같다는 이야기다. 예전의 멋을 상실한 금융 중심가는 반바지에 부츠차림이라 마치 캠핑 가는 떼거리 같다고 한다. 이제는 사람들이 자기 차림에 신경을 쓰지 않는다고 한다. 이 작가의 이야기가 한마디 한마디가 틀린 게 없다.

인터넷이 모든 사람의 생각이며 일하는 방법 그리고 옷차림까지 일대 변화를 가져왔다. IT 회사들은 직원들의 편의를 도모한다고 금요일을 Dress Down Day라며 편한 옷을 입게 했는데 이제는 매일이 Dress Down Day가 됐다고 걱정들을 한다. 내가 학교를 마치고 사회생활을 처음 시작한 1970년 초만 하여도 정장 차림을 하지 않으면 금융가에 나갈 엄두를 못 냈었다. 더구나 날씨가 항상 쌀쌀하여 치장을 하기에는 적절한 곳이어서 옷 잘 입은 멋쟁이들이 많았다. 고급 식당에 넥타이 매지 않고 가면 자리에 앉히지도 않았는데 얼마 전 친지가 144년 되는 '샘스 그릴' 식당에 가니 이제는 그곳도 정장 차림이 몇 명 없었다고 한다.

한국에서 몇 년간 직장 생활하다가 이곳에 정착한 지 몇 십 년이 지났다. 내 사무실을 개업하며 항상 생각한 것이 고객을 위하여서라도 옷을 잘 입어야 한다는 것이다. 정장 차림에 하루의 일과를 시작하면 그렇게 기분이 좋을 수가 없었다. 집을 나가기 전에 옷에 맞는 셔츠에 넥타이, 양말에 벨트와 구두에 좀 시간이 걸리기는 하지만 준비하는 과정이 주는 즐거움도 만끽할 수가 있다. 준비하는 과정에서 회계사들이 즐기는 짙은 색 넥타이를 제쳐놓고 노란색이나 라벤더색 등을 매고 나가면 주위에서 칭찬도 받았지만 직장의 상관들의 따가운 눈총도 받았다. 대단한 색깔을 용감하게 선택했지만 어쩌면 뒤에서 욕을 했는지도 모르겠다. 금융가 근처에 있는 양복점도 잘 알아 옷에 많이 투자하기도 했다. 이렇게 모두 멋을 부리던 때 샌프란시스코 다운타운의 멋쟁이 여자들도 모자에 장갑을 낀 정겨운 모습도 보였다.

잘 차려 입은 백인 고객들은 내가 사무실을 오클랜드로 옮기니 거래를 끊었다. 1960년대 말 1970년대 오클랜드도 정장을 한 남자 여자들이 캡웰 백화점이나 매그닌 등을 이용하며 멋을 부렸는데 그래도 샌프란시스코 같지는 못했다. 브로드웨이 등 다운타운에 일하는 사람들은 거의 정장 차림이었다. 이제는 모두 차림이 마치 운동경기나 산행을 하는 사람 같다. 더구나 오클랜드는 한동안 블루칼라 도시로 알려져서인지 사람들의 이목을 크게 생각지는 않았던 모양이다. 지금의 정장 차림은 일요일에 우리 동포교회에 가면 볼 수 있는데 백인 교회는 역시 캐주얼 차림이다. 어떤 사람들은 마치 파자마 같은 옷을 입고 예배에 참석하는데 그래도 주위에서 수군대지는 않는다. 오랫동안 교회에서 자란 나는 이런 백인교회 옷차림이 자못 못마땅하게 생각했는데 그래도 자주 보니 이제는 그런가 보다 생각한다. 이는 우리 생각이고 아마 백인들은 옷에 구애 받지 않고 편한 예배의식이 좋은가 보다.

샌프란시스코 오페라 시즌 첫날 공연에 모두 턱시도에 보우 타이 차림이었는데 한 사람이 리바이 진에 T셔츠 차림이어서 관객들의 시선을 집중케 했는가 보다. 이 여류 소설가의 인터뷰를 생각하며 일주일에 며칠만이라도 넥타이를 맨 정장을 해야겠다고 다짐도 한다. 지난 몇십 년 동안 장만한 넥타이가 꽤 많은데 그래도 구색을 맞추어 보니 지금도 쓸 만한 것이 제법 있다. 오래된 옷을 입으니 좀 어색하기도 하지만 좋은 양복점에서 산 옷은 지금도 괜찮다. 세월이 지나며 나이가 드니 옷이 몸과 따로 돌기도 하지만 그래도 정장하는 맛이 제법이다. 몇십 년 전처럼 출근 할 때 구색을 갖추는 재미도 쏠쏠하다. 역시 옷은 깨끗이 입어야겠다는 생각이 근래에 자주 든다. 아마 나이가 드는 징조인가 보다.

내 고향 산타로사

40여 년 넘은 일이다. 청운의 꿈을 품고 샌프란시스코에 도착했다. 그해 1월의 서울 날씨는 지독하게 추웠는데 캘리포니아는 봄 날씨였다. 계획은 한국에서 알게 된 미국친구가 사는 세바스토폴에서 잠시 머물다가 유타로 가기로 되어있었다. 반갑게 해후한 친구 부부와 함께 운전해 가는 차창 밖은 황량한 시골풍경이고 비가 오지 않은 때가 돼서인지 들은 누렇게 물들어 있었다. 내가 생각하고 그리던 고층건물이 즐비한 그런 USA가 아니어서 좀 실망하기도 했다. 내 친구가 사는 집도 그렇고 하여 나름대로 적응하는 데 여러 날이 걸렸다. 여행에 지치고 다른 곳으로 옮긴다는 게 수월하지 않아 그냥 이곳에 정착하기로 했다.

우선 이곳에 있는 초급대학에 영어를 위시한 몇 과목을 등록하니 등록금이 없다고 한다. 학생회비 몇 불만 내면 된다는 믿기 어려운 이야기다. 그리고 얼마의 생활 보조금도 후원하겠다는 자상한 카운슬러의 이야기다. 어렵게 고학하며 등록금 마련하던 서울에 비하면 너무 놀라웠다. 당시 인구 7만 명의 작은 지방도시에 한국학생이 5명이 있었다.

그리고 평안북도 선천 출신인 미세스 에이비슨이 우리 한국학생들을 돕고 있었다. 한국명이 사애라인 노교수는 미국 선교사의 따님으로 이 학교 간호학과 과장을 하고 있었다. 평안도 사투리가 섞인 우리말을 하던 당시 연세가 60세를 바라보는 분이었다.

나의 미국생활 첫 관문인 산타로사는 참 아름다운 도시다. 농업이 중심이고 당시 막 시작한 소노마 카운티 포도주 산업의 중심지로 각광을 받기 시작하던 곳이다. 한국학생 중에서는 내가 나이가 제일 많았다. 새로 알게 된 한국학생들과 주말에는 보데가 베이 등 우리에게 잘 알려진 '알프레드 힛치콕' 감독이 제작한 영화 〈새〉의 촬영지도 구경하며 그곳 근처 바다에서 홍합을 채취하기도 했는데 요리하는 방법을 몰라 버리기도 했다. 주말이면 없는 돈을 염출하여 옥시덴탈에 있는 이탈리아식당에 가서 파스타로 포식하기도 했다.

모두 마음이 풍부하던 때였다. 근처의 세바스토폴은 그레벤스틴 사과의 명산지로 전원의 도시다. 어렵게 장만한 고물 폭스바겐 '버그'를 타고 다니지 않은 곳이 없었다. 그해 가족과 이민 온 여학생과 사귀게 되고 얼마 후에 결혼하기로 약속했다. 내가 감리교인인 것을 안 사애라 선생님이 주선하여 산타로사 제일 감리교에서 덜튼 목사의 주례로 백 년 해로하기로 한 지가 40년이 되어 온다. 주위에 친구들과 학교 교수들이 참석한 조촐한 식이었다.

내 아내는 그때 초급대학에 입학했고 나는 한국학생으로 처음 소노마 스테이트 칼리지에 학사 편입하게 되었다. 전교 학생이 2천 명인 작은 주립대학(csu)이고 학생의 대다수가 인문계를 공부하는 리버럴한 학교였다. 히피가 많다 하여 히피대학이라고도 했다. 그중에 경영학전공은 100여 명이고 회계학을 공부하던 학생은 나까지 포함하여 5명이었다. 그중 3명이 졸업 후 CPA가 됐으니 60%가 전문자격증을 받은 셈이다. 나는 워낙 산업심리학공부를 하려고 미국에 왔는데 버클리에서 회계학 공부한 한국서부터 알던 친구의 권유로 회계학을 하게 되었다. 참 어렵고 따분하게 느껴져 여러 번 포기하려고 했다.

당시 학교에서 멀지 않은 곳에 한 달에 가구까지 포함한 월세가 $120 하는 아파트에 신접살림을 차렸다. 돈도 부족하여 학교를 얼른 마치려고 일도 하며 풀타임으로 공부도 했다. 한국에서 공부 마친 후 5, 6년 지나 다시 공부하려니 퍽 어려웠다. 그때 스물두 살 된 아내의 격려가 컸다. 해이해지려는 나에게 용기도 북돋워 주었다.

월남전의 막바지인 그때, 흑인들이 주도가 된 블랙 팬터 운동과 더불어 사회주의 물결이 내가 다니고 있던 대학을 피해가지 않았다. 백인학생 보수단체가 대학의 안정을 되찾게 하며 학생들의 애국심에 호소도 하는 모습이 지금도 눈에 선하다. 그들은 조지 워싱턴, 에이브러햄 링컨과 존 케네디의 연설을 인용하며 학생들의 자중을 호소했다. 그들 덕분에 큰 불상사는 없이 급진주의 물결은 우리 대학을 지나갔다.

미국 와서 둥지를 튼 곳이 소노마 카운티다. 그런데 대학을 졸업한 1971년 봄, 그곳에서 직업을 구하기가 참 어려웠다. 결국 그곳을 떠나 베이에리아에 정착을 하기에 이르렀다. 산타로사 하면 마음이 늘 훈훈해진다. 때로 북쪽을 달려 내가 졸업한 소노마 스테이트 유니버시티(이제는 대학교다.) 교정에 들러 40여 년 전 내 모습을 그려본다. 그리고 당시에 이 작은 대학이 내 미국생활 정착과 주류 사회에 참여하는데 얼마나 정신적인 지주가 되었는가 생각도 한다. 내가 이 학교에 진

빚이 많다고 늘 생각한다. 어려울 때면 내가 살던 세바스토폴도 돌아보고 마음의 안정도 찾는다.

오래전에 가수 조영남이 “내 고향은 충청도예유.”라는 노래를 했다. 함경도 피난민인 그가 피난살이 한 그곳이 고향이라고 했다. 함경도 출신인 나 역시도 그를 따라 “산타로사는 내 고향이요.” 하고 중얼거린다. 틀림없이 산타로사는 내 고향이다.

책 이야기

한국전이 끝나고 모든 물자가 부족할 때였다.

당시 모두 사는 게 어려울 때 책읽기에 재미가 붙어 동네 대본업하는 구멍가게에서 소설을 빌려다가 밤새도록 읽었다. 이렇게 하여 내가 평생 즐기게 되는 책 읽는 습관이 시작되었는가 보다.

전기 공급이 일정치 않아 남포라고 불리던 석유램프를 켜고 밤을 샌 적이 한두 번이 아니었다. 책과 더불어 새로운 경지를 발견하며 나름대로 나의 꿈을 펴곤 했다. 당시 가능하지도 않은 꿈에 젖어 책 중에 나오는 그런 인물처럼 되어야겠다는 다짐도 했다. 어렵게 살던 나는 어떻게 하여 돈이 생기면 청계천 6가 헌 책방에 가서 남이 쓰던 책을 헐값에 사든가 재수 좋으면 새 책도 싸게 사는 수도 있었다.

지금도 그때 구입한 민중서관이 발행한 영한사전이 내 서가에 자리잡고 있다. 반세기의 때 묻은 사전을 지금도 펴볼 때가 있다. 내가 살아온 역사를 말해 주는 듯하다. 어쩌면 우리 집 가보 제1호일 수도 있다. 여러 군데 떠돌아 다니는데 항상 이 책은 나와 함께하고 내 영어 공부의 앞잡이가 되어 주었다.

이 글을 쓰며 겉장 안을 보니 1958년에 샀다고 기록되어 있으니 52년 전에 산 셈이다. 약 2,000여 권 있는 내 서가에서 제일 오래된 책이다. 내 서가에는 책에 대한 남다른 나의 집착 때문에 지금도 다 읽지 못해도 매달 사는 여러 권의 책들로 가득 차 있다.

미국은 워낙 풍요한 나라이기에 책 사는 데 별로 신경을 쓰지 않은 터였다.

몇 년 전 늦게 시작한 학위 공부를 하면서 교과서가 그리 비싼 것을 알게 되었다. 대학용 교재가 한 권에 보통 200여 불 하고 참고서까지 하면 한 과목에 어떤 때는 400여 불 하는 게 보통이기도 했다. 주위에서 같이 공부하던 학생들은 과목을 마치면 책을 팔기도 했는데 나는 그대로 서가에 비치하고 내 정열과 함께한 책들을 대견스럽게 보기도 한다.

이제 대학에서 가르치니 학생들의 고충이 남의 일 같지 않다. 어떤 학생들은 동급생들한테 빌려서 카피하기도 하는데 대부분 숙제를 제때에 제출 못한다. 내가 알고 있는 국제판을 소개하며 인터넷을 통하여 싸게 사는 법도 학생들한테 알려주기도 한다.

아시아 여러 나라에서 사용 하는 국제판은 소프트 커버로 된 것 이외에 내용은 같은데 값은 하드커버의 1/3도 되지 않는다. 역시 같은 매체를 사용하면 중고책도 싸게 살 수 있다.

근래에 대형 교과서 출판사 '매그로 힐'이나 '씬게이트'에서 대본업을 시작했다. 학생들에게 교과서를 빌려준다. 정가에 절반도 안 되는 값이다. 과목이 끝나면 반환하거나 제값 주고 사기도 한다. 물론 험하게 쓴 책은 반환할 수도 없고 제 값 다주고 구입해야 한다. 이렇게 빌려보며 유익한 점도 여러 가지가 있다. 출판사 웹사이트에서 책 챕터마다 온라인으로 받아볼 수도 있지만 여러 가지 참고서도 이용할 수 있어 학생들한테 많은 도움을 준다. 아마존 닷컴을 통하여 휴대용 전자책 '킨들'로 읽을 수 있는 교과서도 구입할 수 있다.

책을 빌려 주는 사업은 교과서뿐만 아니고 근래 일반서적이 선전 매체를 통하여 소개되기도 한다. $20 이상 되는 책을 절반 이하 값에 빌려준다는 빌보드를 얼마 전 오렌지 카운티 비행장에서 보았다.

이제 교과서 이외에 일반 서적 시장에도 대본업이 소개된다. 50여 년 전에 대본업은 가난한 나라에서나 있는 것으로 알았는데 여러 해 지나 미국에서 보게 되니 옛 생각과 함께 나를 되돌아보는 기회가 된다.

이렇게 책과 가까이 한다는 것이 참 좋아 10여 년 전에 독서 클럽을 시작하여 우리글로 된 책 200여 권 읽을 기회도 얻고 독서 애호가들과 함께 교분도 쌓곤 하였다. 책은 우리에게 평생 벗이 되고 길잡이가 된다고 혼자 되새긴다.

에라스무스가 오래전에 이런 이야기를 했다. "돈이 좀 생기면 책을 사고 그리고 남으면 음식을 사게 된다." 이것을 읽을수록 책을 좋아하는 우리에게 주는 뜻이 크다.

맹모삼천

몇 년 전 가주 주립대학에서 힘들기로 이름난 회계학 중급반을 가르칠 때 일이었다. 초급반 회계학은 숫자에 원만히 익숙한 사람에게는 그리 힘들지 않지만 이론을 위주로 하는 중급반은 그렇지 않았다. 내 강의를 등록한 나이 든 중국 학생은 숙제도 밀리고 고전을 하고 있었다. 중간시험도 하위권을 밑도는 등 여간 어려워하는 표정이 아니었다. 내 교수실에 수업 전후에 찾아와서 도움을 받았는데도 퍽 힘들어했다.

그는 근래 유행하는 유럽자동차를 타고 다니며 옷차림도 좋고 하여 그냥 공부를 늦게 시작하는 학생 같지는 않아서 공부를 왜 하느냐는 나의 질문에 한동안 가만히 있다가 자초지종을 이야기한다. 이스트 베이에서 풀라스텍 공장을 10년 넘게 운영하며 돈도 꽤 벌었고 잘나가기도 했다고 한다. 중국 태생 1.5세인 그는 아메리칸 드림을 이루려고 사업 초기에는 거의 잠도 자지 않으며 일에 열중했다고 한다. 영어를 못하는 이민1세 부모에게서 어렵게 자란 그는 자식은 자기처럼 키우지 말아야겠다는 일념으로 최선을 다했다고 한다. 일만 하는 남편이 싫어서 아들이 열 살 때 부인은 이혼을 하고 떠나버렸다고 한다. 아이를 차이나타운에 사는 어머니한테 맡겨놓고 아들과 주말을 같이 보내는 게 유일한 낙이었다고 한다.

그런데 아들이 삐뚤어 나가기 시작했다. 어린 아들이 담배를 피우더니 급기야는 마리화나 등 마약을 하기 시작했다고 한다. 하늘이 무너지는 것 같았고 자기의 분신과도 같던 그의 아들이 아니었다. 결국은 자기의 목표가 허망하다는 것을 깨닫고 아들을 위하여 하던 비즈니스도 다른 사람에게 맡기고 아들과 많은 시간을 같이 보내려고 노력했다. 여름에는 야구경기장에서, 가을이 접어들면 농구와 미식축구 등 지금까지 못했던 아버지 노릇도 하니 점차 부자간의 관계도 원만해지기 시작했다. 그 아이는 정상으로 돌아와서 학업에 열중하려고 하는데 주위 아이들과의 관계를 끊지 못해 세 번이나 이사를 하며 학교를 옮겼다고 한다. 내가 맹모삼천 이야기를 해주니 이해가 간다고 한다.

맹자의 어머니는 아들을 위하여 세 번씩이나 이사하며 좋은 주위 환경을 찾아 주었다는 옛이야기다. 그리고 우리의 한석봉 어머니 이야기도 곁들여 들려주었다. 자기를 위하여 희생하는 아버지를 바라보던 아들은 아버지에게 제안을 했다고 한다. 40대 중반의 아버지가 학교를 다니면 자기도 대학에 진학을 하겠다는 것이다. 어리둥절하다가 자기도 중도에 그만둔 대학에 미련도 있고 하여 아들과 '딜'을 했다고 한다.

아버지가 먼저 입학하고 다음 학기에 아들도 같은 학교에 입학을 했다. 그렇게 옆으로 나가던 아들이 아버지의 정성에 감명을 받고 공부에 매진하기 시작했다. 그런데 문제가 생겼다. 아들한테 큰소리치고 등록을 했는데도 성적이 좋지 못해 체면이 말이 아니라고 한다. 사업을 할 때 회계와 부기를 잘 몰라 애를 먹어 택한 과목인데 자기적성에 맞지 않는다고 호소를 한다.

우리 모두는 하고 싶은 공부를 하여야 인생의 보람을 가질 수 있다고 하니 그는 전과를 하기로 했다. 그 반면에 아들은 전산과에 입학하여 공부에 재미를 붙이고 있다고 여간 대견해 하지 않았다.

그리고 몇 년이 지났다. 그의 부자에 대한 이야기는 다 잊었는데 얼마 전 사무실에 전화가 그로부터 왔다. 내가 학교를 떠났다는 이야기를 듣고 수소문했다고 한다. 이제 그는 문학으로 석사를 받는다고 하며 작가가 되겠다고 한다. 아들도 대학을 졸업하고 좋은 직장을 얻었다. 맹모삼천 이야기에 자신을 되돌아보는 기회가 되었고 그들의 인생을 바꾸게 했다고 한다. 그의 고맙다는 인사를 받으며 우리 삶의 주위가 아름답게 보인다.

03 담대한 희망

담대한 희망

대통령 선거가 끝난 이틀 후 매주 모이는 어떤 모임에서였다. 회의 구성원은 약 70%가 백인, 20% 흑인 나머지 10%가 아시아계인데 온통 축제 분위기이다. 만나는 사람마다 서로 축하한다고 악수하고 허그하며 "우리가 해냈어(we did it)." 하며 하이파이브도 한다. 오바마를 당선시키고 서로 하는 인사다. 흑인보다는 백인들이 더 열광적이다. 한 백인 회원이 일어나 내가 이 나라에 살고, 미국인이라는 게 자랑스럽다고 눈물을 글썽거린다. 이렇게 이번 선거가 어떤 한 인종에게만 뜨거운 마음을 안겨준 게 아니고 미국민 전체에게 주는 의미가 크다. 물론 이번 선거에서 일리노이주 한 초선의원 오바마의 그동안 보여준 지도력과 앞으로 제시한 비전도 중요하다. 하지만 어느 날 갑자기 나타난 그 혼자만의 힘으로 대권에 도전하고 당선된 것만은 아니다. 여기까지 오기에 넘었을 산이 여럿 있었고 또한 앞으로 넘어야 할 산이 많이 있을 것이다.

비백인들이 미국에 살며 겪은 불이익은 셀 수가 없으리만치 많다. 아시아인으로 처음 가주 연방의원이 된 S.I. 하야카와의 아버지는 1900

년 초 미국에서 목격한 일 때문에 미국을 등졌다. 더운 날 옷을 잘 입은 아시아인이 식당에 들어가 맥주를 시켰다. 백인 바텐더가 맥주가 잔뜩 담긴 잔을 들고 와 그 사람 얼굴에 뿌리며 나가라고 소리쳤다고 한다. 이런 곳에서 자식들을 키우면 큰일 나겠다고 하여 캐나다에 정착하고 아들을 전 세계 굴지의 언어학자로 만들었다. 그는 나중에 상항 주립대학 총장을 거쳐 상원의원이 된다.

1960년대 상항지역 한인사회의 지도급 인사였던 김모씨는 텍사스에서 대학을 마치고 이곳에 정착하고 그가 하는 무역업도 성황을 이루었다. 데일리 시티에 집을 사려 하니 비백인한테 집을 팔지 못하게 하는 조항(Restrictive covenant) 때문에 사지 못해 백인 친구한테 돈을 주고 사게 했다. 알라바마주 어떤 흑인주일학교에 백인이 폭탄을 투척하여 여러 명의 사상자가 났다. 제2차 세계대전 때 흑인들이 육군 항공대(당시에 공군은 없었다)에 조종사로 입대하려는데 흑인들은 지능이 낮아 비행기 조종을 못한다고 하며 거부당했다. 이를 보고받은 엘리너 루스벨트 대통령 부인이 흑인이 조종하는 비행기에 시승을 하여 문제는 해결됐고 흑인들로 조직된 터스키기 비행단은 전쟁에서 혁혁한 공훈을 세운다. 1950년대까지 우리가 살고 있는 가주에서 다른 인종과의 결혼이 법으로 금지되어 다른 주 특히 네바다 등지에 가서 흑백커플은 결혼하기도 했다. 제시 잭슨 같은 이는 대통령에 몇 번 출마하기도 했다. 꼭 되리라는 것보다 비백인들에게 꿈을 실어주기 위함이었다. 이외에도 많다. 이런 일들이 유권자들의 마음을 움직였다.

1960년대 월남전 당시 버클리 대학에서 free speech 운동이 시작되었다. 백인에게서 일기 시작한 특히 소수민족을 위한 인권보호 운동이 주류사회 참여의 효시가 됐다. 이를 기화로 흑인들의 정치경제 참여가 눈에 뜨이게 늘어났다. 약 40여 년 지난 2008년에 두 번째로 1960년대 버금가는 일이 벌어져 백인의 잠자던 양심을 깨운 것이다. 조상들의 과오를 회개하는 마음과 그들이 갖고 있는 페어 플레이정신이 크게 작용했을 것이다. 백인 지식층과 젊은 층이 백인 위주 지도층에 반기를 든다.

아마 오바마가 꽤나 운이 좋다고 하는 사람도 있을 것이다. 지금 미국은 중동전쟁 때문에 어려움을 겪고 있고 별안간 닥친 경제대란 때문에 이제는 지도자가 꼭 바뀌어야 된다는 사실이 유권자의 마음을 크게 작용한 것도 사실이다. 4년 전 혜성처럼 나타나 초선 연방 상원이 되고 그의 자서전 ≪건방진 희망(The Audacity of Hope)≫ 제목처럼 대권에 도전하기에 이르렀다. 그의 건방진 희망이 소수민족이기에 감내하였던 불이익을 아우르며 큰 발을 내디뎠던 것이다. 그것을 대다수의 투표자인 백인들이 받아들였다.

남북전쟁이 끝난 1860년대 남부에서 있었던 The Reconstruction 이후에 오는 이변 중에 이변이고 가히 혁명이라고도 할 수 있다. 이제 백인들 주도권 시대는 지나가고 있다고 한다. 건방진 희망이 현실화된다. 정말 감격스럽다. 정말 내가 한국계 미국사람이라는 게 자랑스럽다. 미국에서 아시아계 아니 한국계가 미합중국 대통령이 될 날을 손꼽아 기다린다.

인간승리

승리한 사람들을 멀리서 찾아볼 게 아니라 우리 주위에서 어렵지 않게 보게 된다. 바쁜 생활에 그냥 지나칠 수도 있지만 관심을 갖고 보면 우리의 생각을 다시 하게 하는 일들이 많다. 다른 나라 사람에 비해 이곳 사람들은 우직하리 만치 자기에 주어진 일에 열심이다. 생활에 비해 그리 사치하지도 않고 많은 사람들이 근검절약하는 생활이 몸에 배어서 그리 이상하게 보이지 않는다. 물론 예외도 있지만 일반적으로 부지런하게 살다가 조용히 은퇴를 한다.

얼마 전 읽은 이야기가 지금도 마음에서 떠나지 않고 불치의 병을 생활의 한 부분으로 받아들이는 자세가 아름답다. 어려운 병인 것을 알면서도 그 병에 지지 않고 나름대로 열심이 삶을 사는 그런 이야기다. 그리고 승리자로서의 그들을 보게 된다.

파킨슨병은 몸의 균형을 잃고 사지를 떠는 병이다. 옆에 있으면 보는 사람도 공연히 불안해진다. 어떤 경우는 손만 떠는 게 아니고 몸도 같이 떨며 음성도 변한다. 조사에 의하면 미국에 150만 명이 이 병을 앓고 있다고 한다. 많은 환자들은 파킨슨병을 천형이라 알고 근근이

연명하는가 하면 인생의 다음 단계를 향하며 병중에서 삶을 찾는 용감한 사람들도 있다. 역시 인생을 어떻게 보느냐에 따라 자신을 향상시키며 투병 중에서 삶의 의미를 찾는가 보다. 생의 마지막날을 기다리지 않고 자신이 삶을 개척하는 그런 자세다.

얼마 전 우리생활 주변에서 일어난 마음 흐뭇한 이야기다. 그리고 그들의 삶 속에서 우리의 오늘도 조명해 볼 수 있다. 이스트 베이에 거주 하는 사람들로 구성된 합창단인데 단원들은 모두 파킨슨병을 앓는 사람들이다. 합창단의 이름은 Tremble Clefs라 하여 떨리는 고음합창단이라는 뜻이겠다. 단원들은 모두 휠체어를 타거나 간병인들에 의지하며 연습장에 도착한다. 연습을 하는 이들은 몸을 제대로 가누지도 못하지만 합창이 가져다주는 마음의 평안을 기대하는 모습으로 연습장에 도착한다. 발성연습을 오래 하면 목소리가 쉰 소리로 변하기도 한다. 그들이 즐거운 마음으로 내는 큰 목소리는 기적 같고 합창을 통하여 신체적인 부자유도 잊고 화음을 즐긴다.

75세의 존은 화학자로 은퇴하기 전까지는 하이텍 기재 판매담당이사였다. 세일스 프렌테이션은 일류급이었다. 그의 기재에 대한 해박한 지식과 타고난 우렁찬 목소리가 판매를 성사시키곤 했다고 그의 부인은 이야기했다. 10여 년 전에 파킨슨병에 걸리고 몸을 가눌 수 없게 되자 목소리도 개미소리처럼 되었다. 그는 의욕도 잃고 세상이 끝나는 날만 기다리는 그런 삶을 살았다. 하지만 파킨슨환자들로 구성된 합창단을 찾으며 그의 인생의 획기적인 전환점을 찾게 되었다.

이 합창단은 30대에 자신도 파킨슨병을 앓고 있던 사람에 의하여 시작되었다. 월넛 크릭에 거주하는 한센 부인은 합창이 파킨슨환자에 도움이 된다는 의학지를 읽고 파킨슨 전국 협회의에 자금 신청을 했다. 자금 허가와 함께 지휘자를 초빙하여 4년 전에 합창단이 빛을 보았다. 존의 부인은 초기 알츠하이머병까지 앓고 있던 남편에게 합창을 권유했으나 거절하던 남편이 우연한 기회에 합창 연습에 매료되어 이제는 제일 열성적인 단원이 되었다. 그의 목소리는 정상을 찾고 부인과 92세의 장모까지 그의 권유로 합창단에 가입했다. 허약했던 장모도 음악을 통하여 건강을 찾았고 한다.

파킨슨병을 앓고 실의에 빠져 있던 여러 사람들이 합창을 통하여 삶의 의욕도 되찾는다고 한다. 한 여자단원은 처음 왔을 때 큰소리로 말도 못하더니 이제는 알토로 듀엣까지 한다. 팔머 단장은 이 합창단이 다른 아마추어 합창단과 다를 바 없으며 그들은 악보와 발성법을 배우며 대중 앞에 서는 법도 배워가고 있다고 한다. 이제는 여러 단체에 초청되어 공연도 한다. 존의 부인의 이야기처럼 병이 완치되지는 않지만 병과 함께 살며 병을 극복 하는 자세를 알게 해 준다고 한다. 이스트배이 합창단원들의 인간승리의 모습을 본다.

우리 동포 단체에서도 이들을 초청하여 그들의 불완전한 모습에서 완성된 화음을 경험하는 그런 기회가 있었으면 한다.

문화재 반환

강한 나라가 인근 나라의 문화재를 약탈하는 역사는 되풀이되고 있었다. 유럽강대국들이 약한 나라의 국보급 문화재를 뺏어다가 그들의 박물관에 비치하고 옮겨온 문화를 즐긴다. 약탈된 문화재의 진가를 인정받기도 하지만 대부분은 박물관이나 도서관 창고에 처박혀 그 값어치가 알려지기까지 많은 세월이 걸린다. 정부기관이 관여된 것은 경우가 다르지만 점령군이나 개인이 반출했을 때는 소재를 알 길이 없다. 이번 프랑스에서 대여 형식으로 받아온 외규장각도서도 정부가 관련되어 그나마 다행스럽게 알게 됐다. 한국 학자의 노력이 없었으면 지금도 빛을 보지 못하고 창고에 있었을 터인데 그나마 다행이다.

1866년 병인양요 때 프랑스가 약탈해간 도서 297권 가운데 1차분이 4월 14일에 서울에 도착했다. 조선이 가난할 때 말도 제대로 하지 못하고 빼앗긴 한국의 문화재가 돌아온 것이다. 그래도 한때는 세계를 호령하던 나라가 빼앗은 것을 그냥 돌려 줄 수도 있었는데 인색하게 대여 형식으로 준 것은 아무리 생각해도 속 좁은 처사다.

150여 년 전에 가져간 것은 물론 가깝게는 일본이 한국에서 약탈해간 것만 해도 이루 말할 수 없다. 일본 정부가 가져간 것 이외에도 개인 소장가들이 수집해간 것도 대단하다. 역설적인 이야기로 일본 수집가들 때문에 한국도자기의 진가가 국내와 국외에 알려졌다는 이야기도 있다. 미국에 한국 골동품 수집가 중에 동포 수집가들과 함께 한국예술의 진가를 아는 미국사람들도 많다고 알려졌다. 예전에는 선교사들이 갖고 온 것이 대부분이었는데 한국전쟁 때 귀환하는 미군들이 기념품으로 갖고 온 골동품과 그 값어치를 알고 반입한 외교관도 있다고 한다. 들리는 이야기에 자유당 시절 미 대사관 문정관 그레고리 헨더슨 같은 이는 당시 갖고 온 문화재급 골동품들이 작은 박물관을 채울 수 있는 많은 수량이라 한다. 그리고 한국예술품의 대가가 되었다.

한국의 군부가 집권한 후 정치자금이 필요하여 고미술품을 일본에 팔고 그 일부가 미국으로 들어왔다는 이야기를 들었지만 사실을 밝힐 근거는 없다. 한동안 한국 골동품을 이곳에서 어렵지 않게 구입할 수 있었다. 오래전에 이조백자와 고려청자를 우리 동포 가정이나 한국에서 근무했던 백인 집에서 보기도 했다. 듣기로는 한국에서 골동품상들이 이런 개인 소장품을 구입하려고 인맥을 통해 미국을 자주 온다고 한다. 그런가 하면 중국 친지에게 미국에서 종교학을 공부한 일본학자를 소개받은 적이 있다. 이 사람은 미국에서 한국 고미술품을 구입하여 일본 수집가에 되팔고 구전을 받는다는 이야기를 들었다. 아마 이런 사람들이 한두 명이 아닐 것이다.

근래에 영국에서 일어난 기적 같은 사건이 신문에 보도됐다. 런던에 베인브리지 예술 옥션 하우스에서 일어난 일이다. 델리케이트하고 아름다운 16인치 높이의 화병이 경매에 부쳐졌는데 출처는 세상 떠난 부모 집 헛간을 남매가 정리하다 발견된 중국 것이었다. 이 신기한 화병을 발견하고 주위의 권고로 감정을 받으니 백만 불 이상이 된다고 하였다. 수소문하여 옥션 하우스의 경매에서 80만 불로 시작해서 8천6백만 불이라는 천문학적인 액수로 낙찰됐다.

이 화병은 예술 애호가였던 청나라 건륭황제(1735-1796)를 위하여 만들어진 특별한 것이라고 한다. 어떻게 이런 보배가 그들의 집에 있게 됐는지 알 수 없는데 조상 중에 한 사람이 영국군에 근무한 적이 있다고 한다. 아편전쟁(1856-1860) 때 자금성을 침범한 군인이 노획물로 갖고 온 것이었는가 보다. 그 값어치가 거의 150여 년 만에 빛을 보게 되었다. 더 흥미로운 사실은 그 액수에 입찰한 사람이 중국 사람이었고 전화로 대리인을 시켜서 구입했다고 한다. 그 구입에 중국정부가 개입했다는 이야기도 있다.

해외에 산재한 그들의 문화재를 중국은 이렇게 엄청난 액수를 지불하고 되찾는다고 한다. 얼마 전에는 건륭황제의 옥쇄 등 여러 문화재를 외국에서 비싸게 구입했다고 한다. 한국도 이런 모습에서 배우는 바가 있을 것이다. 어쩌면 외규장각 도서도 대여형식이 아니고 어떤 경로로든지 중국처럼 구입할 수도 있지 않았나 하는 그런 아쉬움이다.

자선 단체 기부금 I

얼마 전에 발표된 통계에 의하면 2009년 한해에 미국에서 자선 단체에 기부한 액수가 20억 불이 넘는다고 한다. 이 엄청난 숫자에 마이크로 소프트의 빌 게이츠 같은 억만장자도 있겠지만 우리 전체가 참여하여 이루어낸 결과일 것이다.

흥미로운 것은 일 년에 25,000달러 받는 저소득층은 수입의 4.2% 기부를 했는가 하면 75,000달러 이상 중산층은 2.7%로 떨어지는 것을 볼 수 있다.

그래도 기독교 국가에서 성경에서 요구하는 십일조에는 턱없이 모자라는 액수다. 물론 정부시책에 따라 중산층의 자선단체 기부는 세금공제를 받지만 그들의 참여도가 세금 혜택을 받지 못하는 저소득층에 미치지 못한다. 유럽이나 아시아에 비하여 미국인들의 사회 기부 참여도는 두드러지게 높다. 수치가 보여 주듯이 저소득층은 기부문화에 더 관대하며 어려움에 적극 동참하는 현상이다. 그들보다 도움이 더 필요한 사람들의 어려움을 알고 남의 일 같지 않게 참여하는 모습이다. 그런가하면 중산층이상은 그들의 소비 순서 가운데 자선단체 기부금은 그리 큰 비중을 차지하지 않는가 보다.

지역사회 어려움에 동참하는 동기는 어려움에 대한 마음가짐과 연민에서 온다고 심리학자들은 이야기한다. 이런 마음가짐이 결여될 때 사회계층의 차이가 벌어진다고 덧붙인다. 그리고 하나님의 이름으로 사회에 동참하는 태도는 중산층 이상이 될 때 그 모습이 달라진다는 지적도 있다. 어려움에 동참의식이 적은 부유층들은 엄청난 액수의 기부금을 문화재단이나 학교 장학금으로 바친다. 그들은 부를 사회에 환원한다고 하지만 사회의 어려움을 외면한다는 비난도 받는다.

부유층들은 그들의 관심사가 지역사회구제보다는 체면 차리는 곳에 많은 재물을 쌓는 결과일지도 모른다. 더 재미있는 연구 결과는 재산이 많다 하더라도 자신이 부자라고 여기지 않는 사람들은 사회에서 필요로 하는 곳에 많은 기부를 한다. 그리고 반대로 저소득층이라도 자신이 부유하다고 생각할 때는 반대로 기부 액수가 준다는 현상을 볼 수 있다. 역시 마음가짐이 중요한가 보다.

마음이 겸손(가난한)한 자는 복을 받는다는 성경구절이 있다, 이 성경구절의 의미를 신학적으로는 다른 해석이 있을지 모르지만 겸손한 데서 오는 마음의 자세는 변하지 않을 것이다. 그래도 미국이 다른 나라와 다른 것은 일반적으로 주위가 어려울 때 나라에 의존하지 않고 일반시민이 적극 참여하는 겸허한 자세일 것이다. 외국에서 특히 유럽에서는 나라가 구제를 주관하고 시민들은 뒷전에 서는가 보다. 근래는 어떤지 모르지만 한국도 예외는 아니었다. 거의 60여 년 전 일이다. 전쟁 직후 우리 모두 세끼를 먹기 힘든 어려울 때였는데 개인 병원을 하는 외삼촌 댁에 간 일이 있었다. 상이군인들이 찾아와서 도움을 청하며 밥이라도 좀 달라고 했다. 전쟁 때 나라를 위하여 젊음을 바쳤고 정부가 가난하여 졸지에 걸인이 된 이들에게 외삼촌은 정부에서도 하지 못하는 것을 개인이 어떻게 하라느냐며 현관 밖으로 밀어냈다.

나누어 줘도 되는데 참 야속하다는 생각이 들었다. 좀 도와주었으면 좋았을 것을 하는 생각이었다. 우리 친척만 그러지 않았고 많은 사람들이 그랬을 것이다.

그 이후에도 한국 대기업들이 이곳에 사무실을 열고 기업을 확장할 때였다. 당시 이민봉사단체의 이사였던 나는 사무총장(executive director)과 함께 당장 필요했던 운영비 도움을 청하다가 그들로부터 여러 해 전에 들었던 똑같은 이야기를 들었다. 역시 정부를 들먹이는 이야기였다.

이런 일들을 보며 역시 정부 주도가 아니고 일반 시민 주도 봉사활동의 참뜻을 다시 생각하게 한다. 기독교인이 많은 우리 동포사회에서 교회헌금으로 사회구제에 대한 책임에 동참한다고 여기고 커뮤니티의 어려움을 외면하지나 않는지 모르겠다. 주위를 돌아보면 우리를 필요로 하는 손들이 많다.

우리 모두 밝은 내일을 위한 시민정신으로 없는 사람들 마음에 동참하는 그런 넉넉한 자세를 가져야겠다.

자선 단체 기부금 Ⅱ

우리 동포사회 자선 단체나 종교기관 등에서 그동안 기부자들에게 세금공제 서류를 적절한 시기에 발행했는지 또는 국세청에서 요구하는 문구가 들어 있는지 짚고 넘어가야 할 일이 근래에 발생했다.

얼마 전 연방 법원의 판결문이 있기 전까지는 그리 신경을 쓰지 않던 세법 조항이었고 국세청 감사 때 증빙 서류로 은행에서 돌아온 수표 등을 제시하면 그것으로 통과되기도 했다. 이제는 국세청에서 요구하는 사항이 까다로워지기 시작했다. 아마 자선 단체기부금이나 종교단체에 내는 헌금에 의문점을 많이 발견한 국세청에 의하여 새로 제정된 법인가 보다. 새로 적용되는 조항은 다음과 같다. 기부금이 $250 이하일 때는 받는 기관에서 발행한 영수증 없어도 은행에서 돌아온 수표사본이면 족하며 $250 이상이면 수표사본 이외에 영수증이 반드시 필요하다. 그리고 기부자가 반대급부로 받는 혜택은 공제할 수 없게 했다. 단체에 기부하고 식사대접을 받으면 그 저녁값에 해당되는 액수는 공제항목에서 제외된다. 이 액수는 영수증(statement)에 세금 공제가 되지 못한다고 명시되어야 된다. 그렇지 않을 경우에는 기부자가 어떤 혜택도 받지 않는다는 내용이 있어야 된다. 또한 스테이트먼트 발행일자는 납세자가 4월 15일 세금보고 마감일 이전이거나 6개월 연기가 만료되기 이전이라야 된다고 세법에 명시되어 있다.

기독교인이 많고 기부 문화에 익숙한 미국에서 국세청이 지금까지는 그리 까다롭게 세법을 적용하지 않은 경우도 많았다. 아마 납세자들도 오랜 타성 속에서 크게 신경을 쓰지 않았는지 모르겠다. 별로 증빙서류 없이 세무보고서에 액수를 포함하고 공제도 받곤 하였다. 어떤 사람들은 세금 보고할 때 전해와 같이 하겠다고 CPA한테 요구하는 사람도 있고 국세청에서도 감사할 때 액수가 크지 않으면 관대하게 대해주기도 했다. 어떤 이민자들은 역시 기독교 국가가 돼서 교회헌금에 아량을 베푸는 게 아니냐고 이야기하는 것도 들었다.

그런 생각에 경종을 주는 새 판결이 근래에 났다. 가히 기부금 세법 처리에 새 이정표를 만드는 사건이었다. 이 판결을 소개하면 2008년에 고메즈씨 부부가 국세청에서 감사 통지를 받았다. 그들이 2005년에 낸 $6,500 교회 헌금에 대한 증빙 서류를 갖고 출두하라는 내용이었다. 이 부부는 모든 액수를 수표로 발행해서 별로 걱정 없이 그동안 은행에서 돌아온 수표를 갖고 감사에 임했다. 어떤 이유에서인지 교회에서 발행하는 현금 명세서가 없어 재발급 받아 수표와 함께 제출했다.

IRS감사원은 20장 수표 중에서 $250 이하 되는 8장만 증빙서류를 갖추었다고 인정하며 나머지는 공제할 수 없다고 했다. 8장의 수표 총액이 $420밖에는 되지 않았다. $6,500과 $420의 차액 $6,080은 공제가 되지 않으니 해당되는 세금을 이자와 함께 더 내야 한다고 했다. 이유는 교회에서 증빙 서류를 발행한 날짜가 2005년 세금보고 기한이 지난

2008년이었다고 한다. 그들이 속한 교회에서 영수증을 적절한 시기에 발행하지 않았다. 만약에 발행했다면 원본을 카피해서 줄 수도 있었는데 새로 발행한 것이 문제가 되었다.

세법에 의하면 증빙서류는 세금 보고하는 날짜 이전이어야 된다고 명기되어 있다. 따라서 그 날짜가 2005년 세금보고 마감일인 2006년 4월 15일 이전이었어야 했다. 세법에 $250이하는 증빙서류가 없어도 세금 공제액수로 받아들인다. 수표만 갖고는 증빙서류로 인정하지 않는다는 게 IRS의 입장이다. 세금을 더 내야 되는 이 부부는 국세청을 설득하다가 급기야 연방법원에 국세청을 상대로 고소를 제기하기에 이르렀다.

법원에서 사건을 심사숙고한 다음 국세청의 손을 들어주었고 따라서 이 부부는 해당 세금과 이자와 함께 납부했어야 됐다. 그 일이 있은 후 다음 교회와 비영리 자선 단체에서는 일 년 헌금이나 기부금 정산서에 $250이상 되는 금액은 액수와 수령일자를 따로 기입하고 그 이하 액수는 합쳐서 증빙서류를 발행하기 시작한다. 그리고 영수증을 발행하는 기관에서는 내는 사람이 기부 조건으로 어떤 혜택도 받지 않았다고 명시한다.

금년에 고객의 인컴택스 하다 보니 주류사회 비영리 단체나 교회에서는 세법에서 요구하는 서식대로 영수증을 발급하는데 우리 동포교회나 자선 단체에서는 어떻게 하는지 모르겠다. 이 글이 나갈 때면 택스 마감일이 가까울 때다.

증빙 서류가 미비됐다면 교회나 비영리 단체에 연락하여 국세청에서 요구하는 서식대로 재발급 받되, 날짜는 원본과 같아야 된다. 우리 모두 속한 교회에 헌금하고 자선 단체에 기부를 하는데 받는 곳의 불찰로 기부자에게 불이익이 초래되는 일은 없어야 한다.

탈북 피난민

국방차관과 국무부 아시아 담당 차관보를 지낸 폴 월 포위츠가 얼마 전 ≪월스트리트≫지에 탈북피난민 문제에 관한 글을 실었다. 그는 현재 탈북자 문제를 월남 피난민과 비교하며 이렇게 시작한다. 탈북자는 계속 늘고 있는 상태이다. 이북에서 약 백만 명의 아사자가 발생했으며 40만 명이 강제수용소에서 목숨을 잃었다고 한다. 현재 약 10만에서 40만 명의 탈북자가 중국에서 숨어살고 있다고 한다.

그의 글을 읽으며 1970년과 1980년대에 200만 명 동남아 난민이 어떻게 구조됐는지 살펴보게 된다. 미국이 주도가 된 역사적인 난민구조로 미국에 120만 명, 오스트레일리아, 캐나다 그리고 프랑스가 각각 10만 명씩 받아들였다. 이렇게 엄청난 피난민 구출작전에 성공은 그들을 받아들인 첫 번째 도착지 국가들은 협조적이었다.

보트 피플을 태국, 필리핀, 말레이시아, 인도네시아와 싱가폴 등 여러 나라에서 구조하기 시작하였다. 처음에 이들 나라에서는 난민을 환영하지 않았다. 미국과 여러 서방국가에서 받아들이기로 하고 비로소 이들의 협조를 얻어낸 것이다. 당시에 같은 아시아 사람들을 아시아

국가가 돕지 않는다고 한국을 비롯한 여러 나라가 비난도 받았다.

탈북자 구조를 위해 중국이 피난처 첫 번 기항지로 제일 적절한 지역임은 말할 필요도 없다. 그리고 최종 정착지는 한국이고 미국도 이 일에 적극 협력과 함께 난민을 받을 것이라고 한다. 이렇게 어렵지 않은 일이 성공되지 않은 이유는 중국과 한국정부의 소극적인 태도 때문이라고 지적한다. 두 나라 모두가 이북 내의 변화는 바라고 있지만 변혁에 따르는 혼란과 경제적인 이유로 미온적인 태도를 취하고 있다. 더구나 동·서독 통일 후에 발생한 서독경제의 낙후가 한국태도에 크게 작용을 하게 되었다. 우리가 다시 생각해야 할 것은 동독피난민 물결은 공산 체제의 약화가 가져온 결과이고 난민 때문에 체제가 붕괴된 것이라고는 볼 수 있다.

월남에서는 거의 200만 명이 공산화된 나라를 등지게 되었다. 그래도 이 나라는 건재하며 중국을 본받아서 경제적으로 성장하고 있다. 한국은 이북의 눈치만 볼 것이 아니고 나름대로 난민 구제 사업에 적극적인 모습을 보여야 한다. 한국은 불행했던 지난 정권의 탈북자 정책에서 벗어나 능동적인 구조 사업을 펼쳐나가야 하는 것이다.

지금도 꾸준히 탈북자는 늘고 있다. 매년 한국에서는 2,000명 정도 받아들이다가 이명박 정부가 들어서며 그 수가 3,000여 명으로 증가하고 있다. 이제 제일 큰 관건은 중국의 태도이다. 그들은 문제해결에 실마리를 주지 않고 탈북자가 발각되면 즉시 이북으로 송환시켜 이들을 더 어렵게 한다. 아마 그들이 원하는 것은 탈북자들이 중국에 정착하지 않는다는 확약일지 모르겠다. 우리는 그들한테 월남 난민 구출할 때처럼 첫 번째 기항지 역할만 해달라고 설득해 나가야 한다.

월남 피난민을 정착시킬 때도 쉽지는 않았다. 미국 국회의원 몇 사람과 태국주재 모트 아브라모윌츠 대사와 홀부르크 국무 차관 등이 의회를 움직여서 난민들을 구출하고 미국에 정착시키는 데 성공했다. 현재 다이안 파인스타인 상원의원을 위시해서 몇 사람이 있지만 그들만 가지고는 역부족이고 영향력이 있는 사람들이 필요하다. 또한 이북의 체면을 세워주고 적은 수부터 정착시키는 것으로 시작한다. 그리고 여러 나라들을 이 원대한 계획에 동참 시켜나가야 한다. 여러 유럽과 아시아 국가들의 도움을 청하고 특히 미국에 거주하는 한인 동포조직을 적극 참여시키는 것이다. 이북정권을 바꾸려는 것보다 탈북자 구제가 더 급한 일이다. 한국정부의 미온적인 태도를 탓하지 말고 미국이 월남전 때처럼 적극적으로 앞장을 서야 할 것이다.

참 마음에 닿는 이야기다. 우리 동포가 기고했어야 될 것을 미국전직 고위관리가 한다. 어떻게 하든지 어려움을 겪고 있는 탈북자를 우리는 도와야 한다. 우리 미주 동포사회의 리더십과 적극성이 어느 때보다도 더 필요할 때이다. 아브라모윌츠나 홀부르크의 역할을 우리 동포가 할 때인 것이다. 우리 모두 그러하겠지만 함경도 피난민이 나에게는 더 시급하고 절박한 일이다.

어느 평통 위원의 기고

지난 5월 21일자 The Atlanta Journal Constitution 온라인지에 John Lee라는 사람의 글이 실렸다. 본인이 한국의 평통 위원이라고 소개하며 실린 글이다. 이런 독자 기고문이 주류 사회언론 매체에 실리기는 그리 흔치는 않아 반갑게 읽었다. 동포 사회에서 이런 글이 한쪽에 너무 치우친다고 이야기 들을 소지가 있어 조심스러운 일인데 참 잘했다. 그의 유창한 영어로 쓴 글을 대강 간추려서 우리말로 옮기면 내용은 우리가 다 아는 것으로 평통 위원으로 자신의 뜻을 주류사회에 주장한 것이다. 아마 이런 글들이 그동안 평통 위원 활동의 한 단편을 이야기하는 듯하다. 제목은 "말보다 행동으로 보여준 이북의 행태"이며 근래 이북의 만행에 대하여 조목조목 들어 지적한다.

1) 4월에 있었던 미사일 발사
2) 이북을 돕고 있는 여러 국제 자선 기구를 무시하는 행동
3) 국민은 굶주림에서 헤어나지 못하는데 엄청난 돈을 들여가며 미사일과 핵무기개발

4) 유엔 사무총장을 비난하며 6자 회담을 기피하고
5) 미사일 발사 며칠 전 미국여기자 2명을 중국국경에서 납치했다.

그리고 이북신문에 그들을 재판에 회부하겠다고 하며 그리되면 최소 5년 동안은 형을 살아야 된다고 한다.

이번 여기자 사건은 그들의 치밀한 납치 계획에 의하여 저질러진 소행이라고 한다. 알려진 것과 같이 국경을 경비하는 군인들이 그들을 체포한 것이 아니고 비밀경찰의 소행이라고 한다. 그리고 두 기자의 중국 측 안내원은 이북비밀경찰 정보원이라고 밝혀졌다. 미국 여기자 납치 전에 개성공단에서 현대건설 직원을 안보 문제로 체포하는 등 국제사회에 특히 한국에 불안을 조성하려는 소행이었다고 한다. 납치된 미국 여기자 두 사람 중에 한 사람은 한국계라는 것은 다 알려진 사실이다. 이때에 미국의 오바마 대통령과 한국의 이명박 대통령은 이북의 위협에 굴하지 말아야 하고 더구나 이명박 대통령은 그의 전임자들이 주장해 온 햇볕 정책을 따르지 말아야 된다. 이번에는 정녕코 그들에게 말려들지 말아야 된다고 주장한다. 이북에 말려들어 소위 햇볕 정책을 되풀이한다면 한국은 주위 우방 국가들로부터 불신은 물론 국가위신이 크게 훼손되는 결과를 가져오게 될 것이다. 한국은 국제사회와 공조하며 한 목소리로 외교적으로 대처해야 된다고 한다. 이것이 John Lee 씨 글의 요약이다.

해외 동포가 사는 지역에서 주류사회 언론매체에 우리의 뜻을 알리고 통일기반을 조성하는 것이 해외 평통 위원이 해야 될 일이다. 우리 동포 사회안에서 의견을 같이 나누는 것도 중요하지만 민간외교관으로 대한민국의 평화통일 방침을 홍보하는 일이 중요한 것은 더 말할 나위도 없다. 이 글을 쓸 때 이북에서는 히로시마와 나가사끼에 투하된 것과 같은 파괴력을 가진 지하 핵실험을 했다. 그리고 동해에서 여러 개 미사일을 발사하는 어리석음을 되풀이했다. 이 어처구니없는 집단이 전 세계를 향한 선전포고와 함께 한국과 미국을 위협하는 행동을 강 건너 불처럼 볼 것인지 우리는 깊이 생각해야 될 것이다. 주류 신문과 방송에 기회 있을 때마다 그들의 실상을 알려야 한다. 영어가 편치 않다고 뒷자리에만 머물지 말고 다른 이들의 도움을 받아서라도 우리가 앞장을 서야 할 것이다. 약 20여 년 전에 나도 평통 위원을 하며 UC 버클리 한국학 센터에서, 로터리클럽과 여러 학술대회에서 한민족공동체 통일방안과 이북의 고려 연방제 방안을 비교 발표하며 그들의 허구성을 지적하던 생각이 난다. 함경도 실향민이어서 아마 나는 누구 못지않게 통일을 절박하게 바랐을 것이다. 목요일 비지니스클럽(BNI)에서 이 어처구니없는 일들을 주류사회 사람들과 이야기를 하며 이북의 만용을 지적해야겠다고 다짐한다. 다시 미국사회에 우리 목소리를 낸 John Lee평통 위원에게 치하를 보낸다.

롤 모델

백인사회에서 살며 백인처럼 자란 우리 젊은이들은 나이가 들며 그들의 정체성을 찾으려는 노력이 눈에 뜨인다. 부모에게 그들이 백인사회의 정착과정을 물어도 제대로 된 이야기가 없다. 그저 공부나 잘해서 이 사회에서 성공하라는 말이 고작이다. 한국말이 서투른 아이들과 더 길게 대화를 시도해 보아도 부모와 아이들과의 대화가 오래가지 못한다.

부모와의 대화가 영어로 쉽지 않아 아이들은 점점 혼자의 세계에 빠지며 주위를 기피하거나 어떤 경우에는 백인사회를 혐오하게도 된다. 백인 속에서 교육을 받고 자라도 역사적인 인물 중에 자기와 용모가 같은 롤 모델이 없는 슬픔을 느낀다. 왠지 쿨하지 못한 한국 커뮤니티에서 자기가 닮아야 할 인물은 없다고 포기도 한다.

자라나는 아이들에게 한국 커뮤니티는 스몰비지니스하는 부모와 한국교회에서 만나는 사람들이 대부분이다. 어려서는 부모에 이끌려 한국교회에 다니며 이민사회 행사에 참여하다가 대학에 가면서 커뮤니티와 교회를 떠난다. 미국에 산다지만 부모들은 주류사회를 맴도는 어정

쩡한 삶을 살고 있다. 그러니 우리 동포들은 자녀들에게 주류사회에 참여하는 기대가 크다.

오래전 이야기다. 산호세 어떤 한국 IT회사가 주관하는 설명회에 참석할 기회가 있었다. 점심시간에 2세 변호사와 같이 점심을 하며 우리 이민에 관심이 있는 이 젊은이에게 19세기 말, 20세기 초에 이민 온 동포 이야기를 했다. 그들이 미국사회에서 성취한 이야기를 하니 이 젊은이는 내가 혹시 초기 중국 사람이나 일본 이민들의 이야기와 착각하는 게 아니냐고 묻는다.

내 친구 아버지 김영오 대령을 아느냐고 하니 처음 듣는 이야기라 한다. LA출신 영김 대령은 초급 장교 때 일본계 미군을 이끌고 유럽에서 큰 전공을 세웠다는 이야기와 한국전 때 미 7사단 대대장으로 참전한 이야기를 하니 놀란다. 본인이 변호사여서 알프레드 송 가주 상원의원 이야기를 했다. 하와이 출신인 그는 제2차 대전 때 군복무 마치고 남가주에서 법과대학 졸업과 함께 변호사가 되었다.

인종 차별이 심했던 1940년대 말 취직이 힘들어 가주 하원에 입후보해서 우여곡절 끝에 당선됐다. 후에 상원 법사분과 의원장 등 근 30여 년간 의정 활동한 인물이라고 알려주었다. 그가 집필한 책이 웬만한 법과대학에서 교재로 쓰인다고 덧붙였다. 한참 듣고 있다가 지금 자기한테 농담하느냐고 했다. 아니라고 하며 1970년대 말 KNBR 라디오의 앵커가 더글러스 김이라고 하고 같은 이름을 가진 다른 사람은 가주의회의 사무총장이었다고 했다.

제리 브라운이 주지사로 있을 때 의료담당 장관급 관리가 한국계라고 알려도 주었다. 그 외에도 제2차 대전 때 중서부 출신 한국계 미군 조종사는 여러 대의 독일 전투기를 격추시켜 에이스의 칭호도 받았다는 이야기도 빠뜨리지 않았다. 한참 듣고 있던 이 젊은 변호사는 왜 이런 이야기가 우리 사회에 알려지지 않았는지 모르겠다고 아쉽게 이야기한다. 이들의 존재를 진작 알았더라면 백인지역에서 자라며 그리 외롭지는 않았을 것이라고 한다.

1980년대에 '새크라멘토 비' 이경원 기자가 동포 2세를 위한 영자 신문을 발행하며 몇 해 고생하다가 주위에 도움이 없어 문을 닫았다. 그가 했던 일이 롤 모델 발굴이었는데 아쉬웠다고 했다. 그와 흑인사회 이야기를 하니 그들은 각 지역에 흑인 100명 조직을 펼치며 그들로 하여금 사회의 본을 보이고, 자라나는 세대에 비전과 용기를 주는 성공담을 나누었다.

이 젊은이와 롤 모델이 사회에 끼치는 영향을 이야기하며 헤어졌다. 롤 모델 발굴 운동이 우리 커뮤니티에서 벌어져 성공한 2세들이 다음 세대를 이끄는 기둥이 되었으면 하는 마음이다.

해외동포

얼마 전 영국에서 온 동포를 만날 기회가 있었다. 이런 저런 이야기 중에 뭐니 뭐니 해도 유럽이 살만하다고 한다. 특히 영국은 오래된 역사와 함께 사람 사는 곳 같다고 묻지도 않은 이야기를 한다. 계속하여 그는 미국은 짧은 역사에 문화도 별로 보잘 것 없는 나라가 아니냐고 동의를 구하는 듯 나를 쳐다본다. 그냥 대꾸하지 않으려다가 한마디 거들었다. 미국 역사가 짧은 것은 사실이지만 이민 올 때 우리 역사도 함께 갖고 왔으니 나에게는 반만년 우리 역사와 내가 살고 있는 40여 년과 함께 5천년 넘는 역사를 갖고 있다고 이야기했다. 우리는 이런 자세와 함께 '코리안 아메리칸'의 자긍심을 갖고 미국의 역사를 이루며 산다고 덧붙였다.

미국이 잘사는 것을 배 아파하는 유럽 사람의 이야기였다면 지나칠 수도 있었는데 우리 동포로부터 들으니 마음이 착잡해진다. 물론 때로는 미국사람들의 안하무인 같은 행동으로 식상할 수도 있겠지만 미국에 거주하는 우리 입장도 생각할 수 있었다. 약 10여 년 전 필립스 회사 유럽 회장단에게 이문화(cross cultural) 강의를 할 기회가 있었다.

파리에서 기차로 약 한 시간 떨어진 역사적인 도시 샤트에서 이틀간 주강사로 세미나를 인도하였다. 아시아 특히 한국의 정치 · 경제 · 문화 그리고 역사를 집중적으로 강의했다. 그들이 흥미롭게 받아들인 것은 우리에게 생활화된 공자 사상과 한국인 마음속 깊게 잠재한 '한'에 대한 개념이었다. 당시 한국회사와 합작 계약을 한 터라 상대방 비지니스 파트너를 더 잘 알기 위하여 우리에게 강의를 요청한 것이었다. 강의는 성공적이었다.

세미나를 마친 다음 동포 여행사에서 알선 받은 여행가이드의 안내를 받으며 베르사이유 궁전 등 역사적인 곳과 예술가들의 애환이 깃든 여러 곳을 방문하였다. 점심을 하기 위하여 프랑스 외인부대 인근에 위치한 한국식당에 도착했다. 식당주인이 우리를 반갑게 맞으며 가이드한테 아무개 박사님이라 하며 인사를 나누었다. 우리를 안내한 이는 사회과학 계열로 학위를 받았는데도 취직이 어려워 관광 가이드를 여러 해째 하고 있다고 한다. 그리고 부인의 공부가 끝나면 당장 오라는 데는 없지만 귀국하려고 계획 중이었다.

프랑스에 오게 된 경위를 물으니 오래전 부산 미국 공보원 방화사건 때 미국이 보인 태도가 싫어 그냥 무작정 준비도 안 된 프랑스행을 했다고 한다. 공부하며 힘들 때는 LA에서 가발 상을 하는 동생한테 돈을 얻어다 쓰곤 했단다. 그리고 동생이 부모님을 모신다고 씁쓸하게 웃는다. 이제 나이가 드는데 앞일이 걱정이 된다고 한다. 우리를 호텔에 데려다 주면서 그때 프랑스를 오지 말고 미국에 정착했어야 된다고 후회하였다.

일이 있고 몇 년 후에 이태리 피렌체에서 동포 젊은이를 만났다. 비행장에 도착한 우리를 마중 나온 관광회사 한국직원이다. 유학생인 그는 호텔까지 운전하며 처음부터 미국 험담을 했다. 음악을 공부하는 그는 사사건건 이태리의 좋은 점만 이야기를 하였다. 그의 이야기인즉 미국 거리의 낙서는 지저분한 것인데 이태리 낙서는 예술품이라는 등 지금은 이태리가 미국경제 영향권에 있지만 Pax Romana 때는 서양이 로마의 영향권에서 평화를 누렸노라고 열변을 토한다. 듣다가 못해 Pax Americana의 지금은 어떻게 생각하느냐고 하니 그 말을 한참 생각하다가 입을 다문다.

이렇게 유럽동포들의 이야기를 들을 기회가 있었다. 오랫동안 유럽에 거주하며 미국에 대한 연민을 갖고 있는 이가 있는가 하면 싫어하는 사람도 많은가 보다. 이제 미국에 산 지 반세기가 가까워오니 미국 비난을 들으면 신경이 더 쓰인다. 우리 동포가 세계 각처에 디아스포라(Diaspora)를 이루고 사는데 각 지방의 특수성을 생각하며 존중하는 아량도 있어야겠다. 이렇게 서로서로가 관용과 상대방을 헤아리는 마음을 가질 때 우리의 연계는 더 돈독해지겠고 세계를 아우르는 한민족 구성원의 밝은 앞날이 기대될 것이다.

당당한 한국여성 기업가

≪월스트리트≫지 11월 10일자에 "금년에 주목할 만한 전 세계의 50명의 여자"라는 기사와 함께 사진이 크게 실렸다. 이번에 대전에 도전했던 힐러리 클린턴이 선거 기간에 한 말을 인용하며 지금도 우리 여자들은 눈에 보이지 않는 '유리천장'에 부닥치며 장벽을 넘지 못하고 주저하고 있다고 이야기하며 주위를 환기시킨다. 그럼에도 불구하고 금년에는 여자들의 몫이 두드러지는 해이다. 대통령에 출마한 사람이 있는가 하면 정치에 여러모로 나타난 주목할 만한 사람들을 보게 하는 해이기도 하다.

이 신문에 사회 기여도에 따라 1번부터 50번까지 전 세계적으로 금년에 주목할 만한 여자들이 소개된다. 계속하여 읽어 보아도 한국 사람의 성이 없어서 좀 실망했는데 48번째 여자가 Haan이라는 이름으로 나온다. 사진을 보지 않았더라면 Romi Haan이라는 사람이 화란사람이나 독일계 여자로 알았을 텐데 사진과 기사를 보고 한국 사람이라는 것을 알고 반가웠다.

전 세계를 망라한 여자들이 포함되어 있다. 처음부터 열 명까지를 들면 은행 예금액 $250,000까지 보장하는 FDIC 연방기구 총재, Pepsi 회사의 사장, Bank of America 계열회사의 사장, 중국은행 부총재, 불란서 재무부 장관, 미국 Kraft 회사의 사장, 싱가포르 정부 증권 회사 사장, 미국 Dupont 회사 사장, Xerox 회장, London 증권시장 총재 등 기라성 같은 조직의 장들이 열거된 기사고 이들이 모두 여자이다. 남자들만이 석권하던 분야에 도전하여 이루어낸 여자들의 엄청난 업적이다.

계속하여 명단을 사진과 함께 읽으며 46번째 일본사람 다음다음에 있는 한로미 씨를 발견하게 된 것이다. 이 신문에 의하면 지금 44세인 한 사장은 안정된 정부 공무원을 하다가 그만 두고 9년 전에 창업했다고 한다. 가정주부이고 아이의 엄마이기도 한 이 사람은 온돌방 걸레질하다가 아이디어를 얻어 스팀으로 방 청소하는 기계를 발명하기에 이르렀다고 한다. 엎드려 방바닥을 걸레질하는 것이 허리가 끊어지게 힘이 들었다고 한다.

2001년에 $40,000여 불 갖고 시작했는데 실패도 여러 번 했으며 그 후에 열 배나 가까운 돈을 투자하여 이루어낸 성공담이다. 3년이 지나 $80짜리 스팀 청소기가 완성되어 시장에 내놓게 되었다고 한다. 까다로운 한국여성 소비자의 테스트를 거쳐 한국시장에서 성공하기에 이르렀다. 한 사장은 기자와 인터뷰하며 2004년에 종업원에게 처음으로 월급을 제때에 지불했다고 한다. 이렇게 시작한 영세 기업이 작년에는 9천만 불 매상을 올렸다. 장족의 발전이다. 더구나 이 사람은 상속을 받지 않고 자수성가한 사람이기에 아마 더 돋보였을 것이다. 이 입지적인 인물을 ≪월스트리트 저널≫지는 칭찬을 한다. 그리고 Haan 회사는 작년에 미국 진출을 했다.

구글 서치하고 보니 Haan Corporation의 소개가 나오고 상품의 사진이 나온다. 상품의 생김새는 배큠클리너(진공 청소기) 모양이고 스팀 청소할 때 살충 작용도 한다고 한다. 우리가 매일 밟고 다니는 바닥을 청소하고 살균작업을 하니 일거양득이다. 그 이외에 스팀 걸레 그리고 옷의 먼지를 터는 가멘트 스티머도 소개되고 있다. 참 보기가 좋다. 이제 미국에 진출했고 한 사장의 말대로 미국에서 성공하면 전 세계시장에서 성공할 수 있다는 신념으로 미국 지사를 열었다고 한다. 마치 프랑크 시나트라의 노래 중에 한 구절을 읽는 듯하다. 시나트라의 〈New York, New York〉 노래에서 New York에서 성공을 하면 어디서나 성공할 수 있다는 노래가 생각나게 한다.

한 사장의 성공담은 우리의 자랑일 것이다. 6 · 25 전쟁과 가난을 겪은 우리 세대에게 주는 의미가 크다. 나의 1960년대 유학 시절에 한국이라 하면 그곳에도 기차가 있느냐고 묻던 곳 그리고 전쟁 이외는 알려지지 않은 나라였다. 그 나라 사람이 더구나 여자 기업가가 전 세계에서 2008년 가장 주목할 만한 여성 50인 명단에 실렸다. 세계적인 정계, 재계지도자 반열에 선 이 사람이 참 대견하고 자랑스럽다. 가까운 백인 친구가 몽고의 후예인 한국 사람들의 일 추진력과 배짱이 경이스럽기까지 하다고 했던 이야기가 생각난다. 이제 우리의 시대가 열린다. 이제 사회적인 한계를 넘어 한 사장과 같이 꿈과 열정을 갖고 나가는 사람의 때가 도래하고 있다. 자랑스럽다.

탐 김의 부음을 읽고

≪샌프란시스코 크로니컬≫ 신문 4월 12일자 부고란에 한때 상항지역 민주당 정치에 깊이 관여하고 아시아인 단체에 큰 발자취를 남겼던 그가 64세에 나이에 세상을 떠났다는 기사를 읽고 그와 관련된 이야기들이 문득 떠오른다.

내가 그를 처음 만난 것은 1977년경이라고 생각 든다. 당시 나도 민주당 정치에 관심이 많아 기회가 있을 때마다 정치 회의에 참석하게 되었고 나름대로 당시 정치 구도에 한인의 위상을 높이려고 뛰어 다닐 때였다. 지금과는 달리 비백인이 정치에 입문한다는 게 여간 어렵지 않고 넘어야 할 벽들이 너무나 많은 시기였다. 당시에 유일하게 주 의회에 진출하여 원로 정치인 대우를 받던 비백인은 다름 아닌 한국계 '알프레드 송'이었는데 그의 의정 30여 년 기반이 남가주 백인이었고 부인도 백인이어서 아시아인들과 더구나 우리 한인과는 관계를 전혀 가지지 않은 인사였다.

상항지역은 예전에도 그렇고 지금도 마찬가지지만 민주당이 압도적이고 민권운동에 기치를 높이 들어 비백인이 정치에 적극적인 힘이 되어준 이 지역 출신에 필립 버튼 연방의원 같은 이가 있어 생전에는 아시아인의 적극적인 정치 참여 결실을 보지 못했지만 그가 뿌린 씨앗이 이 지역에서 아시아인과 비백인 정치가를 배출하게 되는 계기가 되었다. 1960년대 필립 버튼 힘을 입어 정치에 입문한 상항시장을 역임한 윌리 브라운과 여러 명의 아시아계 수퍼바이서도 한 예이기도 하다. 탐 김과 중국계 탐 쉐이 같은 이들이 아시아 민주당 정치에 크게 기여한 인물이다.

같은 날 오후에 읽은 중앙일보 현지판 기사에 그의 외할아버지 염만석의 이야기가 있는데 그는 그저 미주에 거주하던 애국자가 아니고 도산 선생과 홍사단을 같이 조직하고 당시 조선 팔도 중에 강원도 책임자로 선출되기도 한 인물이었다. 이 사실은 도산 안창호 전기에 나오기도 한다.

탐 김은 한인 3세로 상항에서 출생하여 차이나타운에서 성장하였다. 차이나타운에서 자라게 된 것은 선택의 여지가 없던 그의 부모 때문이었는지도 모를 것이다. 당시의 아시아인들의 주거 지역은 차이나타운 근처에 한정되었고 법으로 명시된 'Restrictive Covenant'에 의하여 비백인에게는 집을 팔 수 없는 조례 때문이었을 것이다.

고등학교 졸업 후 대학을 좀 다니다가 비백인으로는 가입하기 힘든 부두 노동조합원이 되어서도 아시아 지역사회와 정치 단체를 창립하거나 이사로서 적극 참여하게 된다. 같은 때에 상항 주립대학에 아시안 스터디 프로그램도 만들어 학교 당국과 협의하여 학점도 받을 수 있는 정규과목으로 만드는 데 기여하였다. 풀톤 스트리트에 한인 봉사센터를 설립하고 당시 급격히 늘어나는 한인 이민들을 위한 일에 어머니

도라 김과 전력을 기울게 된다. 하지만 후일 다른 한인 봉사 단체에게 정부 당국으로부터 보조가 넘어가게 되어 쇠퇴하여 가다가 문을 닫게 된다.

또한 캘리포니아 거주 한인 2세나 3세들과 교류도 활발하여 1940년대 말 다이빙 선수로 올림픽에서 금메달리스트 새미 리 박사와 예비역 육군대령 영김을 초청하여 'Lest We Forget'이라는 테마로 강연도 하게 된다. 김 대령은 2차 세계대전 때 일개 부대로 역사상 가장 공로가 큰 육군 442/100 전투부대에 소대장으로 시작하여 중대장을 거친 인물이다. 이 전투부대는 하와이와 캘리포니아에 거주하던 일본계로 조직된 부대에 한국계가 지휘관이 된다. 한국전이 발발하며 다시 현역으로 복귀한 김중령은 미 7사단 대대장으로 한국전에서 부상을 당한 전형적인 무사였다. 탐 김은 항상 주위에서 한국계와 교류하며 소수민족의 대변자 노릇을 하려 퍽 노력한 이다. 나도 그 틈에 끼어 여러 단체에 70년부터 약 10여 년간 활동하였다. 그때 탐 김과 같이 활동하던 한국계 몇 사람을 짚고 넘어가야 되겠다.

시카고 감리교 윤병구 초대목사의 아들 프랭크 윤. 조선을 떠날 때 고종황제로 받은 서류를 내게 20여 년 전에 보여준 기억이 나고 아버지 윤 목사로부터 받은 귀중한 서류들이 많은데 두 번째 늦게 결혼한 비율빈 부인이 어떻게 됐는지 지금도 궁금하다. 당시 총영사관에 연락했더니 별 반응이 없어서 포기했다는 후문이다.

1970년대에 가주의회에 사무총장을 지냈던 더글라스 김, 같은 이름의 다른 더글라스 김은 당시 KCBS인지 KNBR 라디오의 앵커로 활약했고, 스티브 손(손) 박사는 주정부 보건부 장관이며 얼마 전까지 프리몬트 법원에서 판사를 지낸 탐 서 등 고인을 위주로 하여 나름대로 한국계 미국인 정체성을 위하여 참 열심히 뒤에서 노력한 사람들이다.

1984년 상항에서 민주당 전당 대회가 열릴 때 한국에서 김대중, 김영삼, 이종찬 그리고 기라성 같은 정치인들이 방청객으로 참석하는데 프레스 패스가 없어 안절부절 못하던 강우정 한국일보 지사장의 부탁으로 여러 군데 수소문하다가 탐 김에게 부탁하여 당시 한국일보 기자였던 이연택 전 중앙일보 지사장과 김한길 전 우리당 대표에게 프레스 패스를 건네주어 취재를 도왔던 일화도 있다. 이 일 때문에 술을 퍽 좋아했던 탐 김에게 톡톡히 바가지 쓴 재미난 기억도 난다.

이렇게 지역사회에 적극적인 탐이 10여 년 전부터 두문불출했다. 전화해도 답이 없고 알 길이 없었는데, 몇 년 전에 모친상을 당하여 장례식에 만나보려다가 별안간에 가게 된 출장 때문에 만나질 못하고 부음을 받고 보니 미리 좀 찾아볼 걸 하는 후회가 사무친다. 젊은 사람이 너무 건방지다고 1세 이민들과 동포지도자들로부터 비난도 많이 받았는데 나름대로 지역사회를 위하여 한 일이 적지 않았다. 그가 갖고 있던 많은 양의 1900년 초부터 1970년까지의 귀중한 자료를 복사해 두고 구술이민사의 기초를 해둘 걸 하는 아쉬움이 고인을 보내며 생각을 키운다.

정치가 세 사람

지난 4월 8일자 ≪월스트리트≫지에 세 사람의 정치가 이야기가 각각 다른 기사로 실렸다. 세 사람을 비교하는 기사는 아니었으나 근래 우리의 시선을 집중케 하기에는 충분한 것이었다.

처음 기사는 그동안 미국 정계를 떠들썩하게 한 '테드 스티븐스' 연방 상원 기사와 몇 면 지나서 페루의 전 대통령 '알베르토 후지모리' 그리고 바로 뒷면에 우리의 '노무현' 전 대통령의 기사였다.

유난히 눈을 끌었던 것은 처음 두 사람은 흑백 사진이었는데 노 전 대통령은 영부인과 함께한 컬러사진을 실은 것이었다. 보통 때 같으면 그냥 지나칠 수도 있었는데 때가 그래서인지 혹시 신문사 측에서 밝히지 않는 '어젠더'가 있어서 그렇게 실린 게 아니었나 하고 생각도 했다. 국내 신문에서 고민하는 전직 대통령의 모습만 보다가 천연색으로 보니 신기하게도 느껴졌다.

이 세 사람의 정치행로를 비교하며 우리 주위를 둘러본다. 알래스카 출신 스티븐스 상원의원은 1,500여 불 받은 혐의로 FBI의 조사도 받고 급기야는 검찰에서 기소받기에 이르렀다. 경위는 다음과 같다. 알래스

카에 있는 그의 개인 집 수리를 잘 아는 건축업자에게 의뢰를 했다. 스티븐스 의원은 으레 그의 부인이 지불했으려니 하고 워싱턴에서 의정활동에 몰두하고 있었다. 고의적으로 지불하지 않은 게 아니었는데 뇌물 혐의로 조사받기에 이르렀다. 기록에 의하면 그 건축업자가 후에 진술을 번복했으나 검찰은 그 사실을 밝히지 않고 그를 구속했다.

판사로부터 형를 받고 교도소에 들어가는 날짜만 기다리다가 오바마 행정부에 이 사실이 알려지고 다시 수사한 다음 무죄로 결정됐다는 기사 내용이었다. 그리고 당시 기소했던 검사들에게 책임을 묻겠다고 한다. 그의 오랜 동료 테드 케네디, 밥 도울 그리고 하와이의 다니엘 이노우에 같은 노정치가들이 전국에서 달려와 진술했으나 혐의가 풀리지 않았다. 이제 무혐의가 됐지만 상원직을 잃은 다음이다.

한참 조사를 받을 때 출마하여 근소한 차이로 민주당 후보에 패배했다. 참 어처구니가 없다. 제2차대전에 참전한 역전용사의 정치적인 생명이 이렇게 종말이 났다.

그런가 하면 낙후된 남미 페루의 경제를 살린 농업경제 학자 출신 '알베르토 후지모리' 전직 대통령은 재임 당시 정적을 탄압했다고 법원에서 25년 판결을 받았다고 한다. 그의 비밀경찰의 총수가 야당지도자를 살해까지 했다는 혐의와 함께 부패도 저질렀다고 하는데 이 부분에 대하여는 한국의 노무현 전 대통령처럼 몇 백만 불 받은 증거는 없는가 보다.

일본인 2세인 그는 학자로 늦게 정치에 입문하여 경제 개발에 큰 공을 세웠다고 한다. 당시 탄압당했던 정적들은 이번 법원 판결을 환영했지만 아직도 후지모리 박사를 따르는 사람들도 많다고 하며 구원

운동을 시작한다고 한다.

그의 딸 '게이코'는 현직 국회의원이고 차기대통령을 바라보고 있다. 기사에 의하면 그냥 막연한 꿈이 아니고 당선 가능성이 적지 않다고 한다. 그녀가 대통령이 되면 전직 대통령인 아버지를 사면하겠다고 기염을 토한다. 그리고 이번 판결은 정치적이라는 주장을 굽히지 않는다. 정치적인 보복이라고 현지에서 평을 하고 곧 석방될 것이라고 한다.

≪월스트리트≫지 같은 날 세 번째 기사는 1980년 말 이후 한국대통령으로 뇌물수수로부터 가장 자유스럽다고 공언한 노무현 전 대통령이 검찰로부터 조사를 받는다고 자세히 보도를 하고 그의 궁색한 답변도 일일이 곁들인다. 그는 잘 알지 못했다고 하며 그의 부인이 빚을 갚는데 썼다고 국민한데 사과한다고 한다. 한국에서 정권이 바뀔 때마다 뇌물사건이 드러났고 이번만은 그렇지 않다고 장담했던 그였기에 아마 한국 국민의 실망이 더 컸으리라는 보도다.

이 세 사람을 비교한다. 지금 알려진 것만 몇 백만 불인데 1,500여 불 조금 넘는 뇌물혐의로 구속된 알래스카 상원의원이 하는 말로 "새발의 피"였는데 그것으로 50여 년 정치생활에 종지부를 찍었다.

사회 전체에서 도덕과 윤리를 강조하는 미국에 한국정치를 비교하기는 어려울 것이다. 한국보다 여러모로 뒤떨어진 후진국 대통령도 야당 사람들을 탄압했다고 25년형을 언도받았는데 뇌물받은 혐의는 아직 발견 못했단다. 그렇다고 하면 한국의 정치가 '바나나 리퍼블릭'이라고 불리던 남미보다 못하다고 누가 말할 때 답을 어떻게 할까 고민도 된다.

어떤 대만 친구가 근래 뉴스를 보고 대통령을 번번이 구속하는 한국 사람들의 용기가 부럽다고 이야기할 때 쥐구멍을 찾고 싶었다. 지금 매일 본국지에 나는 노무현 전 대통령의 기사를 보며 착잡한 마음 달래기가 어렵다.

04 역사

교회와 전통음악 / 역사 / 흥남철수작전과 Chosin Few
한국전 민간인 학살 / 해병과 연평도 포격
한반도 평화통일 심포지엄 / 한미합동작전과 친북행위
한국전 그리고 역사 / 평화댐 / 정부와 노동조합 / 은행 폐쇄

교회와 전통음악

한국의 고전문학으로 박사학위 과정을 하고 있는 백인 S씨를 도산 안창호 학술대회에서 만날 기회가 있었다. 그는 한국말을 우리보다도 더 유창하게 한다. 〈사씨남정기〉와 〈구운몽〉 등 고전에 해박한 지식을 갖고 있으며 우리 전통음악에도 조예가 깊다. 우연히 점심하는 자리에 신학대학 은퇴교수인 한국계 미국인 L 박사도 동석한 자리다. 교회가 한국전통음악을 별로 환영하지 않는다는 이야기로 대화가 옮겨갔다. 한국고전 음악에 문외한인 나에게 백인 S 씨는 박동진의 판소리 〈예수전〉을 들어보라고 적극 권유하고 모임이 끝난 다음 이메일로 판소리를 보내주었다.

L 박사도 처음부터 기독교 음악이 있었던 것이 아니고 선교 활동하는 과정에서 다른 토속문화를 기독교 전통으로 받아들여졌다고 하며 일일이 예를 든다. 필요하다면 본인이 강연도 하겠다고 한다. 나에게는 새로운 경험이었다. 근래 보도된 기사에 의하면 서울의 어떤 교회에서는 '우리가락 예배의 오늘과 내일'이라는 제목으로 회의가 열리는 등 근래 들어 한국전통음악이 알게 모르게 교회에서 자리를 차지하고

있다고 한다. 우리가 자랄 때 미신이나 촌스럽게 알던 전통음악이 서양위주의 한국교회 예배에 새로운 활력소를 불어넣는다고 한다. 근래 한국을 방문하고 돌아온 동포 신학교수가 한 이야기다. 그는 국악을 좋아하지는 않았는데 서울에 가서 국악을 들으니 귀가 번쩍 뜨이고 가슴이 울렁거리는 경험을 했다고 한다. 나도 몇 년 전 그런 경험을 했고 그 여운이 오래 간 적이 있었다고 했다. 이 음악이 내 것이어서 주는 충격이 더 컸던가 보다. 이제 한국에서 10여 개의 교회가 우리의 전통음악으로 예배를 드린다고 한다.

한국국악 선교회의 황대익 목사에 의하면 국악 찬송가를 받아들이는 교회의 반응이 좋다고 한다. 황목사가 처음 보급을 시작할 때만 해도 "무당이 굿할 때 쓰는 음악"이라고 무수한 공격을 받았다. 일반적으로 국악이라고 하면 무조건 불교 음악이나 유교 음악으로 받아들인다고 한다. 기독교가 서양문화의 옷을 입고 들어왔지만 우리 음악으로 하나님을 찬양하고 기독교 문화로 승화시키는 것은 귀한 일이라고 전문가들은 이야기한다.

어떤 강연회에서 국악을 전공한 장신대 문성모 총장은 "찬송은 민요다."라고 해서 청중으로부터 호응을 받기도 했다. 더불어 찬송가는 성격상 민중의 노래인 민요이고 대중의 노래인 대중가요 같아야 한다고 이야기 했다. 문 총장에 의하면 서양에서 말하는 '콘투라팍투라'는 대중가요의 민요를 가사만 바꾸어 종교적인 노래로 만드는 행위를 말한다고 한다. 우리가 즐겨 부르는 찬송가 중에 서양 어느 나라 민요도 있고 국가도 있다. 바흐(Bach)의 작품도 대중음악에 기반을 둔 것이 여러 개 있다고 한다.

내가 듣기로는 어떤 특정한 전통 타악기, 예를 들어 꽹과리 같은 악기는 예배 때 사용하면 안 된다고 한다. 그러면 서양악기인 피아노가 예배 때엔 기독교 음악으로 연주되고 술집에서는 쾌락을 위하여 사용되는데 종교적인 의미를 물어온다면 나는 할 이야기가 없다. 답답하여 내가 아는 샌디에이고 대학 종교학자 무어 박사한테 물었다. 예배시간에 하는 국악연주를 기독교 신학자로 어떻게 받아들이는가 하는 문제였다.

그는 이런 질문이 처음이 아니라고 하며 천주교가 16세기 북미주에 선교활동할 때 선별하여 토속 의식을 예배에 받아들였다는 이야기와 함께 사도 바울이 고린도 교회에서의 경험도 인용한다. 다른 신을 섬긴 음식은 불결하다고 먹지 않은 교인들한테 상관하지 말고 먹으라고 권유했다고 한다. 다만 다른 사람들의 마음을 아프게 한다면 먹지 말라고 했다. 먹고 안 먹는 것은 기독교와는 상관없다는 이야기다. 천주교가 포교하는 과정에서 토속관습을 받아들이는 것을 바티칸 두 번째(Vatican 11)회의에서 추기경들이 다시 확인했다고 한다. 비기독교적인 전통음악의 근원이 어떨지라도 교회에서 연주될 때 축성화(Sanctification)되며 하나님께 바치게 된다고 한다. 참 명쾌한 결론이고 사도 바울의 말을 이제 성탄을 맞으며 다시 생각하게 한다. 그리고 운보 김기창 화백 작품인 한복차림의 예수와 그의 제자들의 모습을 떠올려 본다.

역사

역사의식이 없는 민족은 오랜 기간 존속하지 못한다는 것을 우리는 잘 알고 있다. 지나간 역사를 배우며 같은 오류를 다시 범하지 않으려는 인간의 부단한 모습이 이를 잘 말해주고 있다. 아놀드 토인비의 역사정의에 의하면 역사는 하느님의 기업을 기술한 기록이라고 할 만큼 우리 모두에게 중요하다. 유럽 사람들은 역사의 원조를 기원전 5세기의 '헤로더토스'로 든다. 그는 당시 희랍의 정치, 경제, 문화 그리고 군사를 정확하게 그리고 조직적으로 기록하였다고 하며 서구 역사의 시작이라 한다. 기록행위는 우리가 역사에 참여하는 모습이고 다음 세대에 넘겨주는 고리 역할을 한다. 오늘의 뜻과 사실을 정확한 기록으로 다음 세대에 전달해 주는 책임은 우리 몫이다. 역사적으로 한 민족이 다른 민족을 지배하는 처음 과정이 피지배자의 역사를 없애는 행위이다. 일본이 우리를 일본사람으로 만들기 위해 우리 역사를 말살하려던 사실을 기억한다.

근래 본국 신문을 보며 놀란 것은 역사 교육을 중학교 이상 시키지 않는다고 하며 대통령이 역사 교육의 중요성을 천명했다는 것이다. 제대로 역사를 배우지 못하니 한국에서 대학을 졸업하고도 전문분야 이외에는 사회를 알지 못하고 역사 속에 우리를 보는 눈이 없는 게 아닌가 하는 생각이 든다. 이는 내가 가르치는 대학에서 만나는 한국 유학생을 보며 느끼는 것이다. 역사를 제대로 알지 못하니 이제 한 세기도 되지 않은 6·25전쟁을 누가 시작했는지도 모르는 젊은이가 우리 주변에는 많이 있는 것이다. 어떤 이는 한국 젊은이들에게 제대로 된 역사교육을 시키지 않고 한국 사회를 혼란 속에 빠뜨리려 한 숨은 계획이 있지 않았느냐고도 한다. 한국에서 대학 다닐 때 국사과목은 없었지만 김동길 교수의 문화사 강의로 인해 서양을 보는 길잡이가 되었다. 당시 이공계 학생은 2학년만 마치면 문교부 유학시험을 볼 수 있는 자격을 주었다. 자격시험은 영어와 국사였는데 첫 번 시험에 영어는 합격했고 국사는 떨어졌다. 국사를 다시 공부하며 그의 중요성을 생각하게 되었고 지금도 그 경험을 소중하게 여기고 있다.

미국대학에 학사 편입을 하고 보니 여기에서는 미국역사를 공부해야 학교를 졸업한다고 했다. 이로 인해 미국 역사를 공부하며 미국을 아는 좋은 계기가 되었다. 연대적인 역사 기술도 중요했지만 역사교육 속에 오늘을 알게 하고 우리에게 주는 의미를 교육하며 책임 있는 시민의 역할을 강조했다. 또한 끊임없이 주어진 연구로 우리의 역사의식을 넓혀갔다. 미국에 오기 전 항상 궁금했던 것은 무엇이 전 세계에서 온 많은 인종을 하나로 포용하는 힘의 근원이었을까 하는 점이었다. 하지만 이 힘은 미국 출생 젊은이들로 하여금 자기 부모 나라에 총부리를 겨누게 했다. 가까운 예로 일본계가 일본을 상대로 전쟁을 했다. 독일계나 이태리계가 전쟁에 동참했다. 올바른 역사교육이 밑거름이 되었을 때 책임감 있는 시민을 만든다. 역사 교육을 통해 잡다한 모습과 문화배경이 다른 인종을 함께 묶는다. 이런 역사 교육이 유색인종 청소년들로 하여금 백인 조지 워싱턴 등 앵글로 색슨 백인 지도자들을 조상으로 알게 하고 하나가 되게 한다. 이것이 미국의 정신이고 미국 사람들의 마음에서 살아 숨 쉬고 있는 힘이다. 미국 사람들의 애국심은 이런 역사 교육에서 나왔다는 것은 자명한 일이다.

이제 여러 가지 문화를 접하는 한국 젊은이들은 자기 것을 잘 알지도 못하며 남의 것을 수용하려는데 오는 어려움도 겪을 것이다. 주위에서 이야기하듯이 무엇을 꼭 해야 된다고 느낄 때가 새로운 일을 시작하는 가장 적절한 시기라고 한다. 우수한 법조인이나 과학자 배출도 중요하겠지만 한 세대를 이끌어가는 지도자의 역사의식도 함께 배양해야겠다. 역사는 우리의 과거도 알게 하지만 오늘을 사는 지혜와 정신을 알게 한다. 이제 한 나라의 역사교육을 정치나 학계 지도자들에게 촉구하지만 역시 가정의 책임도 간과할 수는 없다. 역사를 알아야 내일을 살 수 있다.

흥남철수작전과 Chosin Few

미 해병대 역사에 기록할만한 전투 중의 하나가 1950년 11월 27일부터 12월 13일까지 치른 장진호 전투였다. 당시까지만 해도 일본식 지명 기록 때문에 장진호를 미군에서는 초신호(Chosin Reservoir)라고 불렀다. 그리고 그곳 전투에서 살아남은 병사들을 'Chosin Few'라고 칭하며 선택된 정예군으로 예우를 한다. 그들에 대한 대접은 다른 일반 해병들에 대한 것과 달리 정중한 것이다.

이들과 내가 처음 만난 것이 1970년대 말 샌프란시스코에서 열린 미 해병대 창설기념식에서였다. 당시에는 한국전 참전 미 해병대 용사 특히 Chosin few가 예비역에 여러 명 있었다. 나와 같이 참석한 우리 해병을 보며 퍽 반가워했고 그 인연으로 나도 장진호에서 전투한 미 해병대 1사단 예비역회에 정회원이 되었다. 이제 6월에 한국전 발발 59년을 맞으며 잘 알려지지도 않은 땅에서 산화하고 부상당한 그들을 기리며 그들의 이야기를 하려 한다.

1950년 10월 중순에 한국전은 연합군의 승리로 끝나는 것으로 모두 알고 있었다. 미군들은 귀국하여 가족과 추수감사절을 지낼 준비에 여념이 없던 10월 하순에 난데없는 중공군이 압록강을 넘어 한국전에 개입하며 양상이 달라지기 시작했다. 당시 중국 국경과 멀지 않은 장진호 근처에 미 해병1사단, 미 육군7사단 전투단, 미 육군3사단이 주둔하고 있었다. 그 이외에도 영국 해병대가 배속된 상태였지만 주력부대는 18,000여 명 병력의 미 해병사단이었다고 한다.

육군 수뇌부에서는 밀려오는 중공군을 맞아 진격하라고 했으나 사단장 스미스 소장은 장진호 근처에 자체 방어선을 구축하며 군수물자를 적절한 곳에 비치하였다. 이 작전이 중공군 포위망을 뚫고 나오는데 결정적인 도움을 주게 되었다. 미군 총병력은 30,000명 정도인데 포위를 한 중공군은 150,000명이었다고 한다. 그들이 포위망을 헤치고 나오는데 어떤 기자가 이제 해병이 후퇴하느냐고 하니 올리버 스미스 장군은 "천만에 우리는 다른 방향으로 진격하고 있소."라고 그 와중에서도 재치 있게 답변을 했다고 한다.

기온이 화씨 영하 40도를 넘나드는 혹한에서의 전투는 적보다 날씨가 더 무서웠다고 한다. 위생병들은 부상병 응급 치료할 몰핀이 얼어붙어 약병을 입속에서 녹이며 치료를 했다고 한다.

미 해병대에 배속된 영국 해병은 900여 명이 적진을 헤치고 나오다가 300여 명만 성공하고 600여 명은 전사하거나 중공군에 포로가 되었다고 한다. 해병1사단 18,000병력 중에서 900여 명의 전사자와 12,000여 명이 부상을 했거나 동상에 걸린 엄청난 인명 피해를 입었다고 한다. 한편 중공군은 35,000여 명의 전사자를 냈다. 이 상황에서도 제공권을 갖고 있던 미군은 4,000여 명의 부상자들을 후송했고 500여 명의 증원군을 보내기도 했다. 치열한 전투였다.

미군의 사기를 꺾으려는 중공군의 집요한 노력에도 불구하고 엄청난 전사자와 부상자를 이끌고 흥남까지 도착했다. 전사자와 부상병을 적진에 방치하지 않는 미 해병대 전통을 고수하며 철수했다. 그 이외에도 군 차량과 군수물자도 적진에 남겨두지 않고 모두 가지고 나왔다고 한다. 그들은 흥남부두에서 군수송선 193척에 군인 105,000명과 북한 피난민 98,000명 그리고 군 차량 17,500대와 군수물자 350,000톤을 선적하고 부산으로 철수하는 데 성공을 했다.

미 해병대는 이 전투에서 해병 5명과 육군 2명이 군인에게 수여하는 최고 훈장인 Medal of Honor를 받게 되었고 후일 두 명의 장교가 해병대사령관이 되기까지 했다. 얼마 전 ≪San Diego Union-Tribune≫신문 로저스 기자가 당시 장진호 전투에 참전했던 노해병과 인터뷰를 했다. FBI에서 은퇴한 '블렌소'라는 사람은 당시에 19세의 해병 소총수였다. 그를 포함한 한국전 참전용사들은 한국전은 정당하게 공산주의 위협을 격퇴한 전쟁이라고 믿고 이 전쟁을 통하여 중국과 러시아가 임의로 다른 나라를 침범할 수 없다는 것을 증명했다고 한다.

우리가 이들에게 머리가 숙여진다. 이들의 희생으로 지금 자유 대한민국이 건재하고 전 세계의 열 번째 경제 대국으로 자리 매김을 하게 된 것이다. 한국 사람들이 감사해야 할 것은 공산치하에서 어려움을 겪던 거의 십만 명의 우리 이북동포를 구출한 사건이다. 이것이 우리가 알고 있는 흥남철수 작전이다. 한동안 이상한 한국의 정치기류로 이들을 섭섭하게 했으며 이들을 침략자로 둔갑시키기까지 했다. 이제 북한집단이 남침한 60여년 전 6월을 맞아 우리를 구출한 이들에게 다시 감사를 표하고 통일이 속히 되기를 염원한다.

한국전 민간인 학살

지난 4월 1일 버클리 대학에서 59년 전 한국전 당시 부지기수의 민간인이 학살되었다는 발표회가 있었다. 한국의 진실화해위원회의 상임위원인 김동춘 성공대 교수의 발표였다.

'한국전을 밝힌다(Uncovering: The Hidden History of the Korean War)'라는 제목으로 학생들을 상대한 모임이었다. 내용은 미군이 무차별하게 양민들을 노근리 이외에도 여러 군데에서 학살했다는 것이다. 당시에 입수된 여러 가지 사진도 소개했다고 한다.

그의 발표는 그리 새로운 것이 아니었다. 이곳 ≪오클랜드 트리뷴≫지가 2년 전인 2007년 4월 23일자 사설로 다루었는데 사진을 빼고는 김 교수의 이야기보다 더 많이 다루었다. 그 사설에 의하면 노근리 이외에도 포항만에 미 구축함 '디 헤이븐'이 여러 시간 동안 피난민에게 포격을 가하여 사상자가 많이 났다고도 한다. 민간인 희생자의 이야기의 시작은 당시 존 무초 주한 미국 대사가 쓴 편지에 의한 것이었다.

하버드 역사학자 콘웨이-렌즈(Sahr Conway-Lenz)의 2006년 저서 ≪Collateral Damage≫에 문제의 편지 내용이 포함되면서 세상에 알려지기 시작했다. 그의 책을 인용하며 ≪오클랜드 트리뷴≫지 사설은 '미국에 오점을 남긴 한국인 사살'이라는 제목으로 실렸다. 거의 같은 시기에 이를 기화로 한국의 여러 진보단체에서 반미 감정에 부채질을 하는 도구로 사용하지 않았나 생각이 든다.

무초 대사의 편지 내용은 미군과 한국군 고위층이 민간인 복장으로 위장하고 피난민 대열에 섞여 침투하려는 적군에게 발포 허용을 담은 내용이다. 인민군이 민간인 복장한 사실을 발견 못했고 양민이 대신 학살되었다는 것이 이들의 주장이다.

흑백 논리로 따진다면 2년 전 사설이나 한국의 진실 화해를 위한 과거사 정리 위원회(진실화해위)의 주장도 일리는 있기도 하다. 그들이 어떤 경로로 민간인 복장위장 사례를 찾지 못했는지 모르지만 당시 적군이 노도처럼 밀며 남침하는 1950년 6월 말부터 한 달 동안은 한국군은 전선을 수습할 수 없는 상태이었고 일본에서 급파된 '스미스' 부대를 위시한 미군은 엄청난 피해를 입어가며 전선을 유지하기에 급급하던 때였다.

당시에 한국에 파병된 미군들은 제2차세계대전에서 보여준 막강한 군대가 아니었다. 세계대전이 끝난 5년 동안 평화를 만끽하던, 훈련이 부족하고 나약한 군인들이었다고 한다. 전쟁에 필요한 한국지형에 대한 자료도 충분치 않은 상태로 전장에 투입되었다. 어수선한 상태에서 미군 일개사단이 지리 전멸되고 사단장이 길을 잃고 산속을 헤매다가 인민군에 포로가 되기도 한 전쟁 초기에 극도로 혼란한 시기였다.

무초 대사의 편지가 잘못 인용된 듯싶다. 당시에 열살 난 내가 목격한 것을 나누고자 하는데 이는 나 혼자만의 경험담만은 아닐 것이다. 북한의 남침 당시 공무원이었던 아버지와 장남인 나는 어머니의 권유로 남쪽으로 피난 가다가 서울 근교 광나루 다리 밑에서 같은 처지의 피난민들과 전쟁을 피하고 있었다.

어느 날 나룻배가 승객을 싣고 강을 건너 우리 쪽으로 오고 있는데 비행기가 따라오며 배에 대고 기총소사를 했다. 모두 피난민이라고 우리는 생각했다. 다행이 인명피해는 없었는데 혼비백산하여 내리는 사람들을 자세히 보니 여자치마를 둘러쓴 인민군이 승객에 절반가량 되었다. 머리에 쓴 치마를 벗어 버리고 따발총을 갖고 뛰기 시작했다.

당시 내가 여러 번 목격한 민간복으로 변장한 적군의 모습이었다. 이런 일들이 비일비재하였고 우리 피난민들에게는 공공연한 비밀이었다. 민간복장을 한 적군에 엄청난 피해를 여러 번 본 미군 측에서 피난민이 정지 명령에 응하지 않고 가까이 오면 발포를 허용한 것을 인용한 무초 대사 편지가 잘못 전해진 게 아닌가 여겨지기도 한다. 당시에 들리는 이야기로는 피난한 빈집에서 인민군이 여자 치마만 가져갔다고 한다. 미군기 폭격에 간편한 위장용이기도 했다.

내가 이제 40년 이상 아는 미국사람들과 군인들이 그들이 주장하는 것같이 잔인하게 양민을 고의적으로 학살하지 않은 것으로 믿는다. 이제 이런 일들이 정치적으로 이용되는 것을 그만 했으면 좋겠다. 이런 일 때문에 당시 전쟁을 겪은 사람들을 더 아프게 한다. 물론 당시에 억울하게 피해 본 사람도 있을 것이다. 마치 인민군과 내무 서원들에게 엄청나게 피해를 본 남한사람이 많은 것처럼.

역사는 바로잡아야 한다. 미국대사의 편지로 사건에 빌미를 주었고 그들이 말하는 '미군의 잔학성'을 파헤친다면 나와 같이 가까운 곳에서 목격한 이야기(eye witness)도 다루어야 한다. 마음이 편치 않다.

해병과 연평도 포격

한국 해병과 미국 해병은 비슷한 역사를 갖고 있다. 영국 해병을 모체로 한·미 해병은 미국 독립 이전에 발족을 보게 되고 역사적으로 참여하지 않은 전투가 없다. 그들의 용맹스러움은 후세에 전해지고 해병 출신의 자만심은 대단하다.

이에 못지않은 한국 해병은 1949년에 창설되며 미국 해병의 도움을 받고 성장했다. 우리 해병교관들을 미 해병에 위탁교육을 받게 하고 그들로 하여금 한국 해병을 훈련시키게 하였다. 한국 해병은 화랑도와 미 해병의 do or die 전통을 이어받은 군대라고 나름대로 가끔 이야기한다. 내가 해병 115기로 훈련받을 당시 소대장들은 모두 미 해병훈련을 받은 부사관들이었다.

귀신 잡는 해병 신화를 남긴 김성은 장군의 휘하 때와 그의 오랜 국방장관 시절 때는 해병대에 대한 두드러진 차별은 없었는데 시간이 지나며 그의 모습이 눈에 띄었다고 한다. 더구나 5·16군사혁명 때 육군이 앞장서야 할 대열을 해병부대가 차지해서 육군의 질시대상이 되었다고 당시 김윤근 해병 단장은 그의 회고록에 기록하고 있다.

병으로 입대한 나는 상남에서 야전훈련을 마치고 진해 교육단에 돌아와 훈련을 받다가 군사혁명을 맞게 되었다. 해병대 사령관이 3성 장군에서 4성 장군으로 편제가 바뀔 때가 해병대의 전성기였다고 한다. 그 이후 군부의 정치적인 결정으로 해병대는 해군에 흡수되었다. 한국전에서 혁혁한 공을 세우고 월남전에서 위상을 떨친 우리 해병의 전통이 후암동 사령부 폐쇄와 함께 없어지는 순간이었다. 여러 해 지나 노태우 정권 때 해병대 출신 대통령 비서실장의 노력으로 예산을 편성할 수 없는 군대로 다시 태어났다고 한다.

미 해병대도 이에 못지않은 차별대우를 받았다. 긴박했던 상항은 제2차세계대전이 끝나고 한국전쟁 초기까지 이어졌다. 당시 존슨 국방장관은 해병대를 육군과 공군에 흡수시키려고 했다. 더구나 트루만 대통령이 해병대를 싫어한다는 점이 이들을 더 궁지에 몰아넣었다. 1차 세계대전 때 주방위군 포병장교였던 그가 해병대의 감군에 박차를 가했다고 하며 해병대 사령관은 합동 참모회의에 참석도 못하게 하고 군지휘관 대우도 못 받게 했다고 한다. 육군 위주 편재하에서 해병대 해체가 논의되었던 상황 속에서도 그들은 전투 준비가 제일 잘된 부대였다. 한반도의 긴박한 상황에서 미 해병대는 낙동강 전투와 진해 · 마산 작전에 투입되어 적과 치열한 전투를 하다가 인천상륙 작전에서 성공을 거두며 전쟁의 양상을 바꾸었다.

장진호 전투에서는 중과부적인 중공군과 싸우다가 후퇴를 하며 10만 명 넘는 이북피난과 함께 역사적인 홍남철수 작전을 했다. 미 해병들은 적과 싸우기도 했지만 해병대의 사활을 위한 싸움에서 승리했고 그 이후에는 해병대 해체론은 거론도 못하게 했다. 외국에 있는 미국

대사관의 경비를 도맡고 있는 그들은 세계 분쟁지역에 빠른 개입으로 미국외교의 입지를 높이고 있다.

이번에 연평도 포격기습을 국회에서 논의한 해병 130기 홍사덕 의원은 해병들은 정치지도자들의 잘못으로 희생되었다고 비분강개했다. 타군을 위주로 한 예산편성에서 한국 해병대는 낙후한 시설과 시대에 뒤떨어진 군 장비 때문에 받은 피해였다고 한다.

어떤 군사 전문기자는 한국 해병대를 춥고 배고픈 군대라고 하며 귀신 잡는 해병은 그 용맹성에도 불구하고 군내에서는 예산 배정이나 각종 사업의 우선순위에서 타군에 밀린다고 지적하고 있다. 이번 포격에서 구조헬기가 한 대도 없어 배로 부상병을 실어 날랐다는 신문보도가 있었다. 내 젊음을 3년 바친 모군이어서 마음이 더 아프다.

미 해병대처럼 정치에 휩싸인 역사는 되풀이되지 말아야 되고 더불어 지금까지 본국의 뉴스 사실을 빠르게 수정해야 된다. 이번에 장렬히 전사한 후배들에게 선임해병으로서 예우를 갖춘다.

한반도 평화통일 심포지엄

1991년 3월 16일 버클리에서 동포학생회 주최로 '한반도 평화통일 심포지엄'이 개최되었다. 이름만 학생회 주최이었지 실질적인 진행은 이북에도 여러 번 다녀온 구스타브 슐츠 목사에 의하여 주도되었다. 그의 친북성향은 잘 알려진 사실이었다.

얼마 전 타계를 했는데 동포신문에 소개될 만큼 그의 업적이 큰 것은 아니었다. 그런데도 신문에 소개된 것은 자칫하다가는 동포사회를 분열시키는 계기가 될 수도 있었던 회의였다. 그리고 당시로는 평화통일 위원이 북한 측 대표와 남한 측 반정부인사들과 같이 참석한 처음 회의이기도 했다. 당시 모 동포 신문기사에 난 내 글을 18년이 지난 지금 다시 간추려 봄으로써 오늘의 북한 핵위협을 조명하고자 한다.

나는 여러 번 국제회의에 참석하여 패널 멤버도 하고 주제연설도 했지만 이번처럼 불공평하며 형평원칙에 어긋나는 회의는 처음 보았다. 당시에 평화통일 상항지역 협의회장인 내가 이 회의에 참석하느니 못하느니 하다가 본회의에는 참석하되 발언권이 없고 저녁에 있는 원탁회의에서만 의견을 개진할 수 있다는 연락을 하루 전날 받았다. 준비

관계로 슐츠 목사에게 전화하니 아무 준비 없이 그냥 오라고 하며 회의 내용도 제대로 이야기하지 않았다.

연설은 남한에서 온 세 사람과 북에서 온 두 사람이 각각 20분씩 하기로 되어있었다. 회의가 시작되면서 북한의 박영수 부위원장은 '고려연방제 통일안'을 1시간 넘게 토로하였다. 즉 적화통일하자는 이야기다. 사회자의 제지가 없이 연설이 계속되며 회의의 흐름이 이북제도의 우수성만 이야기하는 데 급급하고 남측에서 온 세 사람은 기회 있을 때마다 남한을 비난하기에 여념이 없었다. 박영수 조국평화통일위원회 부위원장은 서울을 불바다로 만들겠다고 이야기한 장본인이다. 그리고 그와 같이 온 이북의 김경남 통일문제연구소 연구원과 남한에서는 박형규 목사, 이영희 한양대학 교수, 정현백 성균관대학 교수 등이었다.

본 회의에서 나와 같이 참석한 평화통일위원 몇 사람의 서면질문이 연사들에게 전달되었으나 답이 없이 본회는 끝이 났다. 아마 답을 하지 않기로 작정했던 것 같다. 저녁에 이어지는 원탁회의에서 참가비에 포함된 저녁식사를 한 다음 행사장에 들어갔다.

입구에서 머리에 붉은 띠를 두른 학생들이 주먹을 불끈 쥔 손을 흔들며 퍽 선동적인 노래를 하는데 섬뜩한 생각이 들기도 했다. 1950년 여름 공산치하 서울에서 본 정에 공산당원 모임을 보는 듯했다.

회의장 강단에 올라가니 내 자리는 우리에게 잘 알려진 로버트 스칼라피노 박사와 김경남 연구원 사이에 마련되어 있었다. 내가 당시 미국사람들 위주인 한미상공회의소 회장을 하며 여러 번 연사로 초청한 구면이어서 반갑게 인사했다. 그 이외에는 이남과 이북 대표를 포함한

12명의 반미와 반한인사들과 자칭 미국공산당 상임위원이라는 사람도 있었고 공산당원이라고 알려진 전직외교관 아들도 있었다. 그는 동부에서 출생한 동포 2세였다. 관중석에는 라성에서 온 친북인사 여럿과 그들이 하는 신문사의 기자도 보였다.

여러 연사를 거쳐 박영수 이북대표와 실랑이를 벌이다가 마이크가 내게로 왔다. 회의는 사회자가 연사들의 말을 영어와 우리말로 통역하며 진행하고 있었다. 이 회의를 주최한 슐츠 목사에 대하여 나는 항의를 하기 시작했다. 주제도 별로 알려주지도 않았고 그냥 참석만 하면 된다고 하여 놓고 미리 잘 짜여진 각본에 의하여 미국과 대한민국을 매도하려는 처사는 만국회의법에 상치되는 것이라고 지적했다. 평화통일협의회 회장인 나를 대한민국 관리라고 소개한 사회자의 의도를 알 수 없다고 첨가했다. 정부 관리는 이북에서 온 두 사람에게 그들을 학자라고 둘러대기도 했다. 더구나 주최 측에는 이북에서는 잘 훈련된 통일전문가를 초청했고 이남에서 온 연사들은 본인들이 이야기하듯이 남한의 통일 방안은 전혀 모르는 사람들을 데려다 놓은 것은 계획적이 아닌가. '한민족 공동체 통일방안' 발표할 연사를 구할 수 없었으면 나에게 기회를 줄 수도 있지 않았느냐고 계속 항의하였다.

그러나 사회자가 통역은 하지 않고 학생들과 친북인사들이 주된 관객을 향하여 우리말로 "여러분, 이 사람의 영어발표는 다 아시지요."하고 다음 순서로 넘어가려 하였다. 그들이 주도한 테마와 다른 나의 의견을 수용하지 않는 태도다. 마지막으로 이 회의의 주제를 '한반도 평화통일 심포지엄'이라 하지 말고 '공산주의 한반도 통일 심포지엄'이라고 고쳐야 되는 게 아니냐고 했더니 사회자로부터 발언을 제지당하고 학생들로부터 야유와 협박을 받았다.

이제 거의 20여 년이 지난 지금도 생각하면 이해하지 못할 발언을 한 남한 측 대표 모씨의 이야기를 인용한다. "북측에서는 핵무기를 생산할 의사도, 능력도, 시설도 없다고 잘라서 발표하는 데 반해 긍정도 부정도 않는 남쪽보다는 북측의 주장을 믿는다." 지금 이분이 생존해 있다면 이 말을 어떻게 생각할지 아니면 정정할 의사가 있는지 묻고 싶다.

이북공산당이 남침한 지 62주년을 맞으며 대한민국과 전 세계를 향한 그들의 핵무기 위협을 매일 뉴스로 접하고 있다. 어처구니없는 이 협박을 어쩌지도 못하고 당하는 우리가 답답하기만 하고, 우방 정치지도자만 바라보고 있다. 무슨 일이 있어도 전쟁은 되풀이되지 말아야하고, 핵으로부터 자유로운 한반도 평화통일을 이루어야 한다.

한미합동작전과 친북행위

며칠 전 동해안에서 규모가 대단한 한미합동군사작전이 벌어졌다. 미 해군의 조지 워싱턴 항공모함과 최첨단 항공기에 그리고 한국 해군의 최대 군함 독도함 등 여러 척과 해병대를 포함한 지상군 등 대규모의 군사작전을 수행했다. 북한은 상투적인 협박을 하며 물리적으로 대응 하겠다고 했는데 이번은 전보다 비난수위가 높다 하여 신경을 집중하는 가운데 벌어진 작전이었다. 미국은 한국을 얕보는 북한에 엄중한 경고를 주기 위함이 이번 합동작전의 주목적이라고 한다. 더구나 천안함 사건 이후에 다시는 이런 일이 없도록 북한은 물론 그를 비호하는 중국에게도 경고하고 한국과 미국의 우호를 과시하였다.

이런 군사작전이 지난 10년간 소위 진보정권 때는 상상하기 어려운 현상이었을 것이다. 그리고 기회 있을 때마다 우리를 전쟁에서 구출하여 준 미국을 싸잡아 비난할 때는 어처구니도 없었다. 더구나 귀화하여 두 번째 조국으로 여기는 우리에게 미국 비난은 당황스럽고 어려웠다. 미국에 대한 비난이 심할 때 이곳 《뉴욕 타임스》 등 보수언론은 한국에서 철수하자는 기사가 자주 등장하였다.

이제 한국에서 정권이 바뀌면서 미국과 한국의 관계가 제자리로 잡혀 가고 있다. 한미군사합동작전 기사를 읽으며 여러 해 전 있었던 일이 생각난다. 내가 매일 받아보는 두레 교회 김진홍 목사의 2005년 10월 16일자 아침묵상에 실린 글이었다. 노무현 정권 당시 통일부가 국정 감사를 받고 있을 때였다. 한나라당 박성범 의원이 통일부 소속 기관인 민주평화통일 자문회의에서 개최한 만화공모전 대상 수상작품에 대한 질문을 했다. 이 수상작은 남한과 북한 어린이가 손을 잡고 미국 어린이를 때리며 짓밟는 것을 그린 만화였다고 한다. 박성범 의원의 질문에 누가 어떤 답을 했는지, 그리고 누가 참석했는지에 대한 내용은 없다. 서슬이 시퍼런 진보정권의 잘못은 지적할 수 없었는지 김 목사는 이런 작품에 상을 준다면 이승만과 박정희 정권 때 빨갱이는 다 때려잡자고 하던 것과 무엇이 다르냐는 개탄과 함께 이번 통일만화 사건은 실로 유감스럽다고 쓰고 있다. 당시 통일부 장관은 집권당 중진을 지낸 정동영 의원이었다. 그는 이번 천안함 사건 때에도 대한민국 정부의 발표를 믿을 수 없다고 여러 번 언급한 인사이다.

참 기가 막힌 사건임에는 틀림없었다. 왜 그런 사건이 당시 한국 언론에 보도되지 않았는지 모르겠다. 당시 여러 보수언론에서 이제 적화는 되었고 통일만 남았다는 공공연한 논조하에서 어쩌면 이 일은 대수롭지 않았는지 모르겠다. 한국전쟁 때 미군이 주축이 된 유엔군이 개입하지 않았더라면 남한전체가 이북에 적화통일되었겠고 지금 북한 주민이 당하고 있는 엄청난 고생을 한반도 전체가 겪고 있을 것이다. 전 세계적으로 열 번째 경제대국건설은 꿈을 꿀 수도 없는 지경일 텐데 뭐가 그리 좋다고 그런 만화전을 정부기관이 주최했는지 모르겠다. 참 아이러니한 것은 전두환 대통령이 만든 기구라 하여 진보 정권의 지도자들이 야인이었을 때 그렇게 비난하던 기구를 그들의 정치목적으로 이용한 걸 보며 정치의 비정함을 새삼 느끼게 한다.

1981년에 평화통일 정책 자문회의로 출발한 이 기구에서 1985년부터 1991년까지 6년 동안 상항지역 협의회장 겸 상임위원을 지난 나에게 이 만화전 사건은 충격적이었다. 1991년 버클리학생 주최 한반도 평화통일 심포지엄에 나는 해외 평통 회장과 미국시민 자격으로 참석하였다. 북한대표들과 설전을 벌이다가 친북학생들한테 몰매를 맞을 뻔한 씁쓸한 경험을 생각나게 했다. 이제 다 잊었다고 생각한 사건이었는데 이번 한미합동군사작전을 보며 옛일이 다시 떠오른다. 잠시나마 한국과 미국의 사이가 벌어졌었던 때도 있었지만 이번 합동작전을 보며 마음 든든함을 느꼈다. 이제 무엇도 모르고 일방적으로 주장하는 친북행위를 한국정부와 국민은 좌시하지 말고 원천적으로 막아야 한다.

한국전 그리고 역사

천안함 폭침 이후 북한을 응징하는 여론이 비등할 때 ≪한국전과 그리고 역사(The Korean War: A History)≫라는 책이 출판되었다. 저자 부르스 커밍스는 한국역사와 동아시아를 연구하는 학자다. 그의 친북성향과 반미정서 때문에 논란의 대상이 되기도 하였다. 커밍스는 평화봉사단원으로 선린상업학교에서 일 년간 영어를 가르쳤고 그 인연으로 한국근대사를 연구하게 되었다. 무엇이 그를 친북학자로 만들었는지 모르겠지만, 대학교수인 한국부인과 현재 버지니아에서 살고 있다. 그의 친북 성향은 어쩌면 한국 좌파 학자들로부터 받은 영향일지도 모르겠다. 우연인지 그들의 논조는 유사점이 많다.

이 책은 한국전에 대하여 잘 알지 못하는 비한국인들을 위한 것이라고 저자는 사족도 붙인다. 이 책이 출판되고 ≪월스트리트 저널≫과 ≪뉴욕 타임스≫에 여러 가지 독서평이 실렸다. 그는 2007년에 할버스탐이 저술한 한국전쟁에 대한 악평을 그대로 인용하기도 했다고 한다. 그런대로 한국전쟁의 다른 면을 소개한 책이라는 평도 있으며, 한국전 당시 종군기자들이 사실을 제대로 보도하지 않았다고 비난하기도 한다.

그는 한국전은 내전이었으며 처음부터 미국이 개입할 사건이 아니었다고 주장하고 있다. 한국 군대와 경찰이 자행한 양민학살을 미국군사고문단(KMAG)은 사전에 방지했어야 하고, 이승만 정권은 북한 동조자라고 하여 2십만을 살해한 반면에 북한은 2만이 좀 넘는 수라고 한다. 더구나 3년간 계속된 이북 폭격은 인종말살을 하려는 미군당국의 만행이라고 했다. 네이팜 폭탄이 북한을 초토화시켰으나 이북 정권은 굴하지 않고 지금까지 건재하고 있으며, 북한을 스탈린식 정권이라고들 하는데 사실이 아니라고 쓰고 있다. 그 이유는 북한이 정권을 잡으면서 다른 공산국가처럼 양민을 대량 학살한 증거가 없기 때문이라 한다.

하지만 그가 사용한 자료 정확성에 의문점을 제기할 소지가 많다. 노근리 사건을 여러 번 인용하며 미군의 잔학성을 표현하고, 미군들이 양민들을 1950년 6월 전쟁 초기에 참여했던 군인들의 증언을 통하여 대량 학살했다고 주장하고 있다.

9살이었던 나는 아버지와 함께 광나루 다리 밑에 피난 중 미군 폭격기를 피하기 위하여 여자치마를 뒤집어 쓴 인민군들을 목격했다. 그런 위장한 모습으로 미군과 교전하여 군인과 양민을 구별하지 못한 미군에게 많은 피해를 주었다. 아마 노근리 사건은 전쟁 초기에 치마를 뒤집어쓴 적군과 민간인들을 구별하지 못한 실수일 수도 있다. 그는 기록만 들먹거리는데 당시 전쟁을 겪은 사람들의 이야기도 인용하며 인민군과 내무서원들의 잔학성도 포함시켰어야 한다. 그해 9월 서울 수표교 아래에 많은 우익 인사들을 몰아놓고 따발총으로 학살한 것과 화

신백화점 지하실에도 사람들을 가득 채우고 폭탄을 던지고 불을 지른 사실을 왜 포함시키지 않았는지 궁금하다. 각본이 있는 무자비한 인민재판을 받고 수많은 사람들이 서울거리에서 죽어갔다. 포승줄이 모자라 납북자들을 철삿줄로 엮어서 끌고 가는 모습을 생각을 하면 지금도 몸서리가 쳐진다. 나는 이 참상을 직접 목격했다. 하지만 그는 인민군들은 사람을 죽여도 인도적으로 죽였다고 이야기한다. 책을 구입한 Amazon.com에서 이 책 서평을 요구하여 내 목격담을 써서 보냈다.

6 · 25는 우리가 마음에 묻을 일이 아니며 밝혀서 잘못된 것은 고쳐야 한다. 이런 일들이 전쟁을 겪은 우리 세대가 해야 할 일이다. 역사는 서술된 것 이외에 구술(Oral History)도 있다.

이번 서울 나들이에 이야기의 현장인 서울에서 아홉 살 먹은 내가 90일 동안 공산치하에서 겪은 경험을 새롭게 조명하려 한다. 그리고 역사를 바로 잡기 위하여 전쟁을 겪은 우리 세대의 구술 캠페인도 심각하게 고려하여 전개하고자 한다.

평화댐

이번에 이북에서 사전 통보도 없이 황강댐을 방류하여 6명이나 죽는 참사가 지난주에 일어나 이남은 물론 미주지역 우리 동포사회에서도 분노를 금치 못하게 하였다. 주류사회 신문에서도 연일 보도하고 있다. 그동안 비가오지 않았는데 댐을 연 것은 고의적인 처사라고 발표한 기사도 볼 수 있다. 참 어처구니가 없다.

한국정부의 즉각적인 대응과 각국 언론매체의 보도 때문이었는지 이북에서는 이례적으로 이번 일을 시인하는 정도의 통지문을 보내왔다. 그리고 앞으로는 미리 연락하겠다고 하며 인명피해에 대해서는 일언반구도 없다. 지난번 금강산 관광객이 인민군에 피살되었을 때도 언급을 회피했다. 이번일이 이북의 군부와 행정부에서 의견 차이에서 나온 처사라고 하기도 하는데 이번만은 그냥 두고 보지 않겠다는 한국정부의 뜻도 있어 어떻게 진전될지 두고 보아야겠다.

20여 년 전 평화댐 건설 때 일이 생각나 우리의 생각도 정리하고자 한다. 당시 올림픽경기 때 이북에서 댐을 방류한다면 서울은 엄청난 피해를 당한다는 한국정부의 발표가 있었다. 이북에서 금강산댐을 건설할 때 위협을 느낀 이남에서는 이를 막기 위하여 '평화의 댐'을 2단계에 걸쳐 공사하기에 이르렀다. 1987년 2월부터 1989년에 댐 높이 80미터에 길이 400여 미터 되는 댐이다. 그러다가 김대중 정권 때 높이 125미터에 길이 610미터로 1차 때 지은 댐을 증축했다고 한다. 공사를 시작한 전두환 정권이 이를 정치적으로 이용하려고 한다고 여론에서 비난받기도 한 댐이었다. 가능성도 없는 이북의 위협을 정권연장 목적으로 이용한다고 했다. 그 이후 햇볕정책을 따르던 김대중 정권 때 예고 없는 이북의 방류로 적지 않게 놀라 급하게 그렇게 비난하던 1차 댐을 보수하며 증축하는 아이러니도 보게 된다. 이런 일이 여러 차례에 있었다고 한다.

제1단계 공사 때 전국적으로 그리고 해외동포로부터 공사자금 모금 캠페인이 시작되었다. 당시에 평화통일정책자문회의 상항지역협의회에도 이런 뜻이 전하여졌다. 모금운동에 앞장섰던 상항지역 협의회에서는 어려움도 많이 겪었다. 해외 평통 기구를 군사독재 선전용으로 이용한다고 일부 동포 언론에서도 그리 달갑지 않게 보기도 했고 많은 동포 인사들로부터 외면을 당하고 있을 때였다.

당시 협의회장이었던 나는 간부들과 뜻이 있는 몇 사람과 같이 $2,000을 모아 본국에 보냈다. 당시에 평통 위원이 30여 명 정도였고 지금처럼 회비제도도 없어서 주로 간부 위주의 성금이었다. 이렇게 하여 지은 댐에 우리 해외동포들의 마음 뿌듯함도 느끼다가 정권이 여러 번 바뀌며 정치적으로 이용되어 축조된 것이라는 기사를 읽을 때마다 마음 편치 않은 경험도 했다. 이북에서 수공에 가까운 변을 여러 번 당하며 이제 관심 있는 사람들에게 평화 댐을 새로운 관점으로 보게 된다고 하는 반가운 기사를 통하여 미약하나마 안도의 한숨을 지었다.

그동안에 한국정부가 가히 천문학적인 원조를 이북에 해오고 있었다. 그들이 수해로 농작물에 엄청난 피해를 당했을 때 구호미와 건축자재 등 엄청난 양을 보내기도 했다. 그런데도 여러 번 돌발적인 일로 우리를 당황하게 만들었다. 미국속담에 "What goes around comes around." 즉 "인과응보의 이야기로 모든 것이 일변도가 될 수 없다."라는 이야기가 있다. 그들의 행동도 한계가 있다고 하는 이야기며 미국사람들이 어처구니없는 일을 당할 때 금방 맞서지 않고 차례를 기다리는 마음가짐이다. 해방 후 어린 나이로 이북에서 피난 나오며 본 것이나 6 · 25때에 그들의 처사를 보며 그 이후 그렇게 오랜 시간이 지났는데도 달라진 것이 거의 없다. 얼마나 인내를 갖고 그들이 변하기를 기다려야 되는지 마음이 답답하여 온다. 남도 아닌 자기 동족에게 그렇게 모질게 해야 되는 그들의 마음을 도저히 알 수 없고 그들에게 목놓아 묻고 싶다.

정부와 노동조합

근래에 본국지에 실리는 노동조합에 관한 기사를 보며 미국노동조합과 정부(노동부)와의 관계를 생각하게 한다. 전통적으로 공화당은 친기업 경향이고 반대로 민주당은 친노동조합 정책을 수립하고 있다. 부시정권하에서 기업 일변도 정책에 변화를 위하여 전국 노동조합이 민주당 후보인 오바마를 지지하고 나섰다.

노동조합의 건실한 운영을 위하여 정부가 개입하기도 하지만 공화당 부시정권이 도입한 디지털 보고서는 노조운영을 너무 간섭하는 것이라는 거센 반발을 가져 오게도 했지만 정부의 방침을 수용했다. 1959년에 통과된 The Labor-Management Reporting and Disclosure Act에 의하여 노조는 LM-2라는 보고서를 회계년도 후 90일 이내에 노동부에 보고하게 되어 있다. 한 해 수입 지출 이외에 노조간부의 연봉과 정부나 전임자가 쓴 경비내용도 첨가하게 한다. 그리고 거의 같은 내용의 보고서를 연방과 주정부 국세청에도 제출하게 되어 있다.

공화당 정권 당시 노동부가 요구한 디지털 보고서는 구태여 감사원을 내보내지 않아도 의문점을 쉽게 지적하게 되고 감사기능을 강화하는 구실을 한다. 즉 건실한 노조운영과 재정의 투명성을 도모하기 위함이다. 미국 노조의 발전과정을 보게 되면 정부의 이런 정책 수립과정이 수긍이 간다. 18세기에 시작된 백인위주의 노동조합은 정치와 결탁한 불행한 과거와 운영의 불투명이 사회에 지탄대상이 되기도 했다. 노조는 근로자의 권익옹호와 함께 8시간 근무를 입법화했다.

미성년자를 근로자로 채용 못하게 하고 은퇴 기금공단을 설립하는데 중추적인 역할을 했다. 산업화되어 가는 과도기의 열악한 환경 속에서 그들이 해낸 일은 대단한 것이었다. 이는 노동조합이 근로자를 대신해서 고용주와 단체협상해서 얻어낸 결과다.

때로는 노조가 정치에 너무 관여하여 사회의 비난을 면치 못한 경우도 적지 않았다. 그 와중에 폭력조직이 노조를 장악하고 불법적인 일을 자행한 불행한 역사도 있다.

무엇보다 노동부가 요구하는 것은 노동조합 운영의 투명성이다. 전임자라고 불리우는 노조직원은 고용업체에서 임금을 받지 못하는 규정을 시행하고 있다. 그리고 노조는 회원의 회비로 운영하되 전임자의 월급은 책임 근로자 이상 받지 못하게 한다. 매년 제출하는 재무제표와 함께 설문지에 이 항목이 포함되어 있다. 노조 월회비와 가입비는 연방과 주세법에서 세금공제 혜택을 받기도 한다.

노동조합은 매년 여러 종류의 감사를 받는다. 첫 번째는 노조 지도자들에 의한 자체 감사이고 두 번째는 외부 공인회계사에게 감사를 받게 된다. 그리고 CAP라는 프로그램에 의하여 무작위 차출로 노동부 감사원에 의하여 감사를 받는다. 때로는 국세청과 동시에 감사를 받는 경우도 있다.

재정보고 투명성이 결여되는 경우에는 전임자나 노조지도자가 형사처벌까지 받는다. 이외에도 노동부와 국세청에 매년 제출한 보고서는 노조원을 포함하여 누구나 열람할 수 있게 한다. 더구나 최근에 발효한 LM-30라는 서식은 노조 전임자가 일정액 이상의 향응을 받게 되면 받은 측과 제공한 측이 모두 노동부에 보고하게 되어있다. 이렇게 하여 노조비리를 근본적으로 봉쇄하려는 정부의 정책이다. 노조의 정치적인 개입을 막기 위하여 매년 보고서에 정치 자금 내역도 자세히 보고하게 되어있다.

지난 30년 넘게 건설 노조와 항만 노조 등 여러 산별노조를 감사하는 나에게는 너무 당연한 문제를 한국 정부와 노조가 왈가왈부한다. 미국에서는 있을 수도 없는 일을 한국노조가 요구하고 있다. 고용 업체가 노조 전임자의 월급을 계속 책임지라는 것이다.

10여 년 전에 통과하고도 시행하지 않은 법을 이제부터 적용하려니 글로벌 스탠다드가 아니라고 노조가 항의하는가 보다. 나는 한국노조의 자세한 운영 규정은 알지 못하지만 경영의 투명성은 미국노조를 본받았으면 한다. 그리고 노조지도자들은 미국 노조처럼 정기적인 교육을 통한 전문인화하며 근로자의 권익을 대표하는 투명한 기구로 다시 태어나가야 할 것이다.

은행 폐쇄

일 년도 되지 않아 우리 교포 은행이 두 군데나 문을 닫게 되었다. 지난해 6월 말에 미래은행은 윌셔 은행에 합병되고 우리 지역의 아이비은행은 지난 주말에 중앙은행으로 흡수되었다. 고객들은 피해가 없는데 주주들은 전체 투자액 손실을 보게 되었다. 미래은행의 폐쇄를 타산지석으로 삼고 경영에 열과 성을 더 기울여야 했을 텐데 아쉽기만 하다. 이외에도 몇 년 전에 오클랜드에서 여러 해 동안 성공적으로 운영되던 동포 신용조합이 연방 감독기관에 의하여 문을 닫게 되었다. 당시에 나는 그곳에 예금을 했다가 예금이 동결되어 어려움을 겪은 기억도 난다. 은행폐쇄는 몇 가지 공통점이 있는 것 같다. 아마 너무 안일하게 운영한 데서 오는 어려움이 있었을 수도 있다. 부동산 등 너무 한군데 집중 융자를 하여 큰 손실을 초래했다. 그리고 감독기관의 지적사항을 제때에 시정하지 않는 태도 등이다. 이사들의 감독 기능이 중요한 것은 말할 것도 없다. 이사회에는 각 분야별 커미티가 있어야 되는데 그 기능이 제대로 되어 있었는지 여러 가지 의문점을 제기할 수도 있을 것이다. 이사들이 기능을 제대로 발휘만 했어도 이런 극한 상황까지는 도달하지 않았을 것이다. 신문 보도에 의하면 아이비은행은 감독기관으로부터 행정제재를 두 번씩이나 받았다고 한다.

경영진 이외에 은행 이사들은 정기적인 교육을 받았어야 한다. 그 이외에 은행 운영에 경험이 있는 인사들이나 CPA/변호사 등을 영입하여 감독 기능을 향상시키는 방법도 채택할 수 있다. 이사는 명예직만이 아니라는 것은 두 말할 것도 없다. 당시 샌프란시스코에 있던 소규모의 세이빙스 앤 론 두 개를 구입하여 노조 기관이 은행을 시작했다. 처음 몇 년 동안 이 은행은 계속해서 적자를 냈고 계속 바뀌는 이사들 때문에 은행 감독기관의 감사를 받고 있었다. 어떨 때는 감독 담당관이 일 년 내내 은행에 상주하기도 했다. 감독관들은 이사 구성이 같은 이해 집단에 의하여 장악되지 않나 하고 예의 주시하였다. 아마 소수계 은행이었다면 이사들이 모두 같은 소수계로 구성되지 않았나 하고 신경을 썼을 것이다. 제일 중요했던 것은 감독 기관과의 사전 협의와 조율에 관한 문제였다. 그리고 그들의 제안을 성실하게 받아들이는 자세가 그들이 바라는 점이었다. 은행에서 손해는 있을 수도 있는데 조직에서 제일 중요 한 체크와 밸런스(억제와 균형)가 있었는지를 유심히 보고 있다. 이사회에는 여러 분야별 커미티가 있고 경영진의 일을 다시 검토하는 과정도 있다. 특히 융자에 관해서는 내가 관계하던 은행에서는 이사회의 검토와 인준과정을 거쳐야 했다.

그리고 이사들은 순번제로 은행 세미나에 참여케 했다. 교육은 외부에서 받을 수도 있지만 이사 중에 특정 분야에 전문가가 있으면 내부 교육도 하곤 했다. 당시 Government Compliance Committee와 Audit Committee의 체어를 하고 있던 나는 때로는 이사 교육도 담당하였다.

그리고 이사회를 대표하여 감독 기관인 FDIC, OTS와 협조와 조율을 아끼지 않았다. 은행을 대표하여 외부 CPA와 감사기능도 도입했다. 경영진의 뒷받침으로 위험수위까지 내려간 은행 평가 수치(CAMEL Ratings)를 향상시키는 데 일익을 담당도 했다. 현재는 지점이 5개로 왕성하게 운영되고 있다고 한다. 우리 동포 은행들이 폐쇄되기까지 이사진과 경영진이 어떻게 유기적으로 일을 하였는지 짚고 넘어 갔어야 했다. 적절한 내부 통제를 하였더라면 이런 극한 상황까지는 가지 않았을 수도 있지 않았을까 하는 안타까운 생각이다. 이번 은행 폐쇄로 동포 사회에 끼칠 경제적인 영향이 걱정된다. 이런 일이 다시는 없어야 된다.

05 클래식과 대중음악

다민족 한국 사회 / 클린턴 전 대통령
미국선교사가 쓴 러시아 · 일본 전쟁일기 / 아메리칸드림
애국가 작사가 / 혼혈 한국인 / 평화봉사단
클래식과 대중음악 / 추수 감사절과 북한의 만용
전쟁과 핵 협박 / 중국인들의 반한감정

다민족 한국 사회

100여 년 전 서양 선교사들의 이상한 모습과 말 때문에 한국 사람들에게 접근하기가 어려웠다고 한다. 그들과의 만남이 새로운 세상 발견의 길잡이가 되고 그들을 통하여 새로운 문화를 받아들이며 은둔의 나라에서 벗어난 우리지만 '외국인'들이 그리 편한 상대는 아니었을 것이다. 이제 한국사회가 그런 타민족에게 관대해서인지 외국 사람들을 쉽게 받아들인다. 근래 통계에 의하면 불법 체류자를 포함하여 외국인이 130만 정도 한국에 거주한다. 엄청난 숫자이고 한국 전체 인구의 약 3%가 외국인인 셈이다. 우리처럼 해외에서 타민족과 어울려 사는 사람들에게는 그리 이상스럽게 보이지 않지만 예전과 비교하면 대단한 변화이고 사회의 큰 변혁이다.

지난주 경남 하동에서 개최된 이병주 국제 문화제에 참석하고 돌아와 그런 생각이 더 든다. 이번에 중국과 대만에서 참석한 작가들을 통역하는 두 여학생을 한국학생으로 알았는데 중국유학생이다. 두 사람 모두 현대 한국문학을 전공하며 석사와 박사과정을 하고 있다. 중국에서도 한국문학을 공부했다는 이들의 한국어 구사가 대단하고 매너리즘도 전형적인 한국여성이다. 지금 다니고 있는 경희대학에 중국유학생이 약 2,000명이라고 하며 전국에 중국 학생이 8만 명이나 9만 명쯤 된다고 한다.

그 이외에도 현대시를 영어로 번역하는 안선재라는 한국이름의 수사 Brother Anthony는 '세계문학으로서의 한국문학'이라는 제목으로 우리말로 발표했다. 여러 가지 근대시 중에서 미당 서정주의 시와 천상병의 〈귀천〉 영어 번역은 널리 알려지고 있다. 벽안의 이 영국인은 이제 귀화한 한국 사람이다. 그리고 내가 토론자로 참여했던 〈터키의 민속 문학〉을 발표한 예르한 박사는 한국에서 우주공학사와 경영학 박사를 받고 현재 터키 문화원장으로 재직하고 있다. 그의 한국어는 참 유창하다. 그는 현재 귀화 신청을 한 지 1년 반인데 약 2년은 되어야 한국 사람이 된다고 한다. 이제 외국 사람이 한국말이 유창하면 이상했던 그런 시대가 아니다. 연세대학의 언더우드 가족의 유창한 한국말 실력은 잘 알려졌는데 이제는 그리 대단한 일도 아닌가 보다. 많은 외국인들이 한국에 와서 공부도 하고 일도 하며 한국을 제2의 고향으로 정착한다.

세계 각처에서 디아스포라를 이루고 사는 우리 동포에 비해 이들은 다른 모양의 한국 사람들이 되어가고 있다. 예르한 씨는 나에게 '돌궐'이라고 불리던 투루크(터키)가 고구려와 교류한 이야기를 빠트리지 않는다. 같은 우랄 알타이 언어권인 우리와의 동일어를 몇 개 소개하며 그는 6개월 만에 한국어를 배웠다고 한다. 지금 동남아 여자들이 농촌으로 시집을 와 도시보다 더 글로벌화되어간다고 웃는다.

미국으로 돌아오는 날이 추석이어서 외국인과 결혼한 가정을 특집으로 한 프로그램이 TV에 방영되었다. 재미있는 현상은 동남아시아 사람과 결혼한 이들은 나이 차이가 많은데 미국이나 유럽 사람과 인연을 맺은 부부 나이는 거의 비슷하다. 그들의 한국말도 역시 유창하며 다민족 사회가 되어가는 사회의 새로운 모습을 본다.

우리가 어려서 배운 일민주의와 단일민족의 개념이 이제 희석되어 간다. 우리는 다른 인종과 섞이지 않았다고 교육을 받았다. 동서 대학의 B.R. 마이어즈가 최근 출판한 책 ≪The Cleanest Race≫에서 한국 사람들은 남과 북을 막론하고 순수한 혈통을 자랑한다. 이제 한국 사회 변화의 물결이 눈에 보인다. 우리는 오랫동안 다른 민족과 어울려 살아왔으며 그들도 우리 생활 속에서 한국인으로 살며 생활의 공동체를 이루고 살아왔을 텐데 우리는 순수 혈통을 주장했다. 이제 한국 사회는 새 패러다임으로 새로운 이민을 받아들인다. 그리고 우리 문화를 공유하며 새로운 한국사회를 이루어 가는데 그들이 기여한다. 이제 한국 사회는 단일 민족의 개념을 벗어나 새로운 다민족 사회로서의 장이 열리고 있다.

클린턴 전 대통령

지난 화요일 새벽 방송에서 클린턴 대통령이 평양에 도착했다는 긴급뉴스 들으며 인터넷에 접속하니 여기자 두 명을 데리러 왔다며 김정일과도 찍은 사진 장면이 보이고 드디어 두 여기자를 대동하고 떠난다. 감격하여 눈물이 나오고 내가 미국에 산다는 게 그렇게 자랑스러웠다. 인명을 우선하는 미국에서 이북에 어떤 대가를 치렀는지는 모르겠지만 이 사람들을 구하려 8,000여 마일을 마다않고 찾아온 클린턴 전 대통령에게 찬사를 보낸다.

다른 나라에서 본받을 만한 것은 현직 오바마 대통령에 누가 되지 않으려고 노력하는 미국 전직 대통령들의 자세다. 국내 정치문제에 관한 일이나 외국을 여행하며 만나게 되는 그곳 정치 지도자와도 여간 조심을 하지 않는다고 한다. 더구나 그의 부인이 현 행정부 수장격인 국무장관을 하니 더 조심을 할 것이다. 5월 30일자 ≪뉴욕 타임스≫ 일요판 차면에 표지사진과 함께 그의 이야기가 실렸다.

웬만한 그의 거취는 백악관 국가안전 담당관인 짐 존스와 연락하고 정한다고 한다. 현 정부에 불이익되는 일이나 정책을 비난하는 것은 피하는 게 미국 전직대통령들의 불문율이라고 한다. 그리고 바이덴 부통령과도 수시로 연락하며 그의 근황을 이야기한다. 클린턴의 보좌관들이었고 현직 오바마 대통령의 비서실장인 임마누엘과 재무부에 깊게 관련된 래리 서머스 등과는 자주 만나지 않는다고 한다. 그렇게 껄끄러운 사이도 아니었지만 백악관 옛 직속 부하들과는 사이를 두는 것 같다.

현 정부 고위직에 42%가 예전 클린턴 사람들이니 그의 영향력이 대단할 수도 있다. 그는 미국사람들이 자신들이 불이익을 당할 때 언젠가는 복수의 기회를 노리는데 그도 예외일 수는 없으나 관대한 아량으로 포용하려 하지만 아직도 몇 사람들에게는 섭섭함이 쉬 가시지 않는 모양이다.

한 가족과 같이 지내던 케네디 상원의원과 그의 질녀인 케네디 대통령의 딸 케롤라인에 대한 섭섭함은 아직도 가시지 않는가 보다. 지난번 힐러리 클린턴과 버락 오바마의 막바지 선거에서 그들은 오바마를 지지했다. 그리고 클린턴이 여러 번 각료에 기용했던 리차드슨 전 뉴멕시코 주지사도 오바마를 지지하여 심기가 불편했다고 한다. 세월이 이들과의 관계를 원만하게 하겠지만 지금은 아니라고 기사는 전한다. 그는 재임 시 하지 못한 일에 대한 집착이 대단하다고 한다. 어떻게 하든지 그의 미완성 프로젝트인 에이즈퇴치운동을 성공시키려고 열성을 다한다. 재임 시 있었던 르윈스키 사건과 그의 대통령 탄핵소추 때 든 엄청난 변호사 비용으로 그의 재산이 거의 바닥이 났었는데 퇴임 후에 했던 연설 등과 책 판매로 잃었던 재물을 만회하고 이제는 경제적으로 넉넉한 모양이다.

지금도 그가 조지타운 대학 때 교수한테 들은 이야기를 따른다고 한다. 즉 유명하게 되는 사람은 다른 사람보다 잠을 덜 자는데 어떤 사람들은 5시간 이상 자지 않는다며 그는 이를 지킨다. 그는 지금도 엄청난 양의 책을 읽고 ≪뉴욕 타임스≫ 퍼즐을 거의 광적으로 즐긴다. 아직도 많은 친구를 갖고 있으며 거리에서 만나는 사람들과 일일이 악수하는 것도 잊지 않는다.

얼마 전 남미 콜롬비아에서 있었던 일이다. 비행기 탑승 전에 활주로의 환송객들과 일일이 사진을 찍은 다음 트랩을 오르다가 비행기 경호하는 현지 경찰들과도 촬영하지 않은 것을 알고 내려가 그들과 포즈를 취한 이야기도 있다. 그의 자상한 면이기도 하다. 얼마 전 심장병 때문에 치료는 했지만 아직도 건강상태는 양호하며 젊음을 잃지 않으려 노력한다. 국무장관인 부인이 계속 출장을 다녀 같이 시간을 보내지 못하는 게 아쉬운 점이라고 한다.

대통령 퇴임 후에 더 유명해진 지미 카터 대통령 못지않게 그도 사회활동을 한다. 이 글을 쓰며 얼마 전에 퇴임한 한국 대통령들이 생각난다. 떳떳치 못한 돈을 받고도 사회에 환원하지 않는 전 대통령 가족이 있는가 하면 북한 인권은 침묵하면서 대한민국 정권은 독재라고 이야기하는 다른 전직 대통령도 있다. 클린턴 대통령이 현 정권을 배려하는 마음은 귀감이 될 만하다. 한국의 정치지도자들이 이런 점은 배웠으면 하는 바람이다.

미국선교사가 쓴 러시아·일본 전쟁 일기

이번 주 러시아 방문한 이명박 대통령과 드미트리 메드베테프 러시아 대통령 사진을 보며 100여 년 전 미국선교사가 쓴 러시아와 일본전투일기를 소개한다.

지난번 글에서 소개한 사애라 선생님 아버지 사락수(Sharrocks) 박사와 어머니 매리 여사가 매일 쓴 일기와 편지를 읽을 기회가 있었다. 우리한테는 잘 알려지지 않은 이야기이며 실제로 조선에서 전투가 벌어진 상황을 매일 기록한 내용이다. 몇 월 며칠은 러시아 군인이 몇 명 지나갔고 그중에 얼마나 남아 있고 군인들의 행패도 자세히 기록해 놓았다.

꼭 104년 전 글인데 마치 얼마 전 일처럼 생동력이 있다. 당시 평양에서 파견돼 평안북도 선천에 거처를 두고 의주와 강계까지 선교하던 미국선교사들이다. 1900년 서울에서 평양을 거쳐 그곳에 정착한 이들은 마치 서부 개척하는 마음으로 크리스천 커뮤니티를 형성했다고 한다.

사락수 박사는 매일 평양에 있는 마포삼열(새뮤엘 마펫) 목사와 서울에 있는 알렌 미국공사한테 전투상황과 함께 러시아군과 일본군의 동태를 자세히 편지로 보고했다. 일기는 1904년 3월 12일에 처음 러시아군 기병 500여 명이 선천에 진주한 것으로 시작한다. 그리고 며칠 후에는 일개 연대병력 1,000여 명이 기마병위주로 증강되고 민가에 잠자리를 정했다. 군량은 조선 사람들한테 구입하거나 탈취하기도 했다. 러시아군들은 군 장비 이외에 보급품은 따르지 않았다. 아마 주둔하는 현지에서 해결하라는 모양이었다. 이들은 진주하자 근처에 있는 조선군(관군)을 무장 해제시키고 관군의 군복과 무기도 빼앗았다.

당시 백인선교사들은 동학군과 그들을 따르는 사람들을 퍽 두려워했다. 풍문에 의하면 그들이 러시아군과 함께 조선에서 봉기한다는 이야기도 있었다고 한다. 그들은 동학군을 당시 중국에서 외국인을 배척하던 의혈단과 같지 않은지 걱정했다. 같은 시기에 7,000여 명의 일본군이 선천에서 멀지 않은 박천에 진을 치며 주둔하고 있었다. 조선은 두 나라 사이에서 중립을 지킨다고는 하지만 일본에 더 가까운 것 같았다. 주위에 조선말을 하는 일본 스파이들이 많았다. 3월 말경에는 러시아군 연대장을 포함한 고급 장교들이 사락수 의사 집을 방문하여 매리 여사가 요리한 식사도 같이했다. 이들의 말로는 조선에서는 큰 규모의 전투는 없을 것이고 일본군들을 압록강 지나 만주로 끌어내어 섬멸하겠다고 한다. 그이유로 조선에 진주했다고 한다. 러시아군 2,000여 명이 울산에 도착했다.

처음 전투는 가까운 곳에서 벌어져 러시아군 14명의 전사자와 여러 명 부상자가 발생했다. 그중에 선교사 집에 와 식사도 같이한 젊은 장교도 있었다. 그는 일본군이 쏜 총에 엉덩이를 맞아 다른 부상자와 함께 사락수 박사한테 치료도 받았다. 러시아군이 떠난 3월 29일 일본군 수색대가 선천에 들어왔다. 그들은 오자마자 교회 건물을 접수하고 병영으로 쓰기 시작했다. 4월 2일에는 일본군 보병과 포병 2,500여 명이 선천에 와서 역시 교회를 사용하기 시작했다.

4월 19일 일기는 ≪샌프란시스코 이그재미너≫의 잭 런던 종군기자가 이 선교사 댁에 거처를 정했다는 글이 있다. 우리에게는 너무 낯익은 이름이다. 일본군도 5명 전사에 18명이 부상을 당했다. 그들의 용감한 모습에 러시아 군인들은 겁먹고 도망갔다. 일본군 장교들도 러시아 고급 장교들처럼 인사하러 온다. 의사인 사락수 박사는 양쪽 군인들을 다 치료해주었다. 전쟁터에서 볼 수 있는 그들의 민간인에 대한 행패는 러시아군과 마찬가지였다고 한다. 역사에 관심이 있는 나도 그들의 전투가 조선 땅에서 벌어진 것은 알지 못했다.

선천은 러시아군과 일본군의 전쟁 중에도 선교사들의 인도로 예배를 보아 참석교인이 2백 명 이상이었다. 피난 가지 않은 선천 사람들 절반 이상 넘게 교회에 다닌 셈이다. 서울 미국공사관과 평양 장로교 교구에서 피난 가라는 독촉을 받았지만 4명의 젊은 선교사는 평양으로 피난 가게 했고, 교인들과 그들이 구축한 선교 시설을 끝까지 보호하며 위기를 넘겼다.

이 선교사역을 통하여 이들은 선천에 교회를 두 곳, 남학생과 여학생을 위한 학교 두 곳 설립하여 인근 각지에서 오는 학생들을 교육시켰다. 신학교도 설립했다. 입원실이 달린 병원도 세우고 그곳에서 실습하며 공부한 의사 7명 배출시키고 간호학교도 설립했다. 이들이 3·1 운동 때 일본의 잔학성을 전 세계에 알리기도 했다. 일기와 편지를 읽으며 마음이 숙연해진다. 조선 사람의 후예인 내가 이분들한테 어떻게 고마움을 전해야 될지 모르겠다.

아메리칸 드림

금년에 내 사무실에 주택 차압에 관한 상담 문의가 여러 번 있었다. 부동산 값이 오를 때 집을 산 사람들이 값이 떨어지며 은행 빚보다 집값이 낮아진데다가 설상가상으로 이자율이 올라가며 이중으로 어려움을 겪으며 해결책을 찾으려고 찾아온다. 그들은 집을 변동이자율로 구입하고 처음 몇 년은 싼 이자를 지불했다. 지난 몇 년 동안 끝 모르게 올라가는 부동산 경기에 뒤지지 않을세라 무리해 가며 집을 구입한 사람들의 수가 적지 않았다. 더구나 은행 빚도 쉽게 얻을 수 있었다. 전에는 수입 증빙서류를 제출했는데 은행의 융자할 돈이 넘쳐나서인지 그냥 적당히 적어내면 융자를 쉽게 얻을 수 있었다. 재융자할 때도 부동산 감정을 까다롭지 않게 하여 같은 집을 몇 번이고 '캐쉬 아우트' 하여 다른 곳에 투자하거나 개인용도로 사용하곤 했다. 흔히 집을 살 때 그동안 상승률을 생각하며 이자율이 바뀌기 전에 산 값보다 비싸게 팔면 이윤도 생긴다는 생각에서였다. 이렇게 몇 번 굴리면 큰 부를 축적할 수 있다는 생각이 지배적이었다. 하지만 부동산 시세가 떨어지고 고정이자율이 변동률로 바뀌며 어려움을 겪기 시작했다. 그리고 부동산 시장에 거래가 줄며 사태의 심각성이 나타나기 시작했다.

부동산 시세가 떨어지고 이자율도 상승하니 집을 은행에 넘겨주는 사람 수가 점점 늘어간다. 사람들이 쉽게 집을 포기하는 이유는 캘리포니아를 포함하여 10개 주에서 부동산만 회수되면 미수된 금액은 채무자에게 청구 못하는 법 때문이다. 이런 일로 신용이 나빠지지만 약 7년이 지나게 되면 다시 신용도 복구된다. 일반적으로 연방세법에 탕감된 빚은 채무자의 수입으로 간주되어 세무보고를 해야 되는데 이번에 경제대란으로 어려움을 겪는 사람들을 위해서 주택구입 시에 발생한 빚은 탕감받을 수 있다. 하지만 비과세 대상이라는 법이 금년 초에 통과되어 다시 어렵게 되었다. 이러한 여러 가지 연유로 부동산을 포기하는 수가 많게 된 것이다.

내 사무실에 찾아온 고객 중에 부동산업을 하던 사람은 부동산이 상승하며 그동안에 쌓인 에퀴티를 계속 사용하여 50만 불 이상 되는 집 5채를 구입하여 렌트도 하고 잘나가다가 변동이자 월부금이 연체되며 5개 부동산과 그의 개인집까지 은행에 주고 걸어 나간 경우도 있다. 경제에 큰 영향을 미치는 부동산 거래를 원활하게 하기 위하여 정부당국에서는 은행융자를 재조정하라고 금융기관에 압력을 가하고 있다. 이런 와중에서 아이러니컬하게도 집 페이멘트 못하고 걸어 나간 사람들이 렌트를 하여 편하게 산다는 기사가 신문에 크게 실렸다. 지금까지 고생고생하며 집값을 내다가 은행에 주고 나와 주택시장에 나와 있는 좋은 집을 헐값에 렌트하여 사는 사람 수가 늘어난다고 한다. 어떤 경우에는 자기가 포기한 집 근처에 렌트하는 사람도 있다. 렌트를 하니 가옥세, 보험료와 수리걱정도 하지 않아도 된다 하여 여간 편하지 않다고 한다. 이 사람들은 싼값에 렌트하며 생긴 지불금 차액에 즐거운 비명을 지르며 그동안 하지 못한 생활을 즐기고 있다고 한다. 어떤 부부는 그동안 못간 음악회도 가기 시작하고 여윳돈으로 외식도 더 자주 한다고 한다. 그런가 하면 이 기회에 헐값에 집을 장만하는 사람도 있다고 한다.

지금까지 우리가 알고 있던 아메리칸 드림은 내 집을 장만하는 일이었다. 더구나 이 땅에 뿌리를 내리는 우리한테는 더 절실하게 느껴지는 것이다. 열심히 일하며 주택을 구입하고 30년 지불한 다음 노년을 즐기다가 세상을 떠나며 다음 세대에 물려주는 재산 항목 중에 집이 제일이었다. 이제 경제의 어려움을 경험한 많은 사람들의 의식구조가 바뀌고 있다고 한다. 사는 동안에 편하게 렌트하며 사는 방법으로 우리의 꿈도 바뀌고 있다고 근래 일간지는 덧붙인다. 따라서 집소유가 반드시 아메리칸 드림만은 아니라고 한다. 당대를 쉽게 사는 것도 한 방법이겠지만 다음 세대를 위하여 남기는 유산도 우리의 책임일 것이다. 이렇게 남긴 유산이 미국을 강대국으로 만든 기반이다. 나는 어렵더라도 꿈을 잃지 말고 에퀴티를 늘려 사회에 환원하는 길을 찾으라고 우리 이민 커뮤니티에 기회 있을 때마다 말한다.

애국가 작사자

1814년 Francis Scott Key 변호사가 포탄이 작렬하는 모습을 보고 지은 시를 1931년에 미국국가로 채택했다. 100여 년이 지난 다음 의회에서 그에 부수되는 법령과 함께 제정하기에 이르렀다. 우리는 어떤가. 애국가 작사가로 윤치호에 대한 실증이 국내나 국외에서 많이 발견되는데 아마 그가 소위 말하는 친일 행적 때문에 미상으로 남아있는가 보다. 그는 한국 최초로 영어 통역을 했고 독립신문 사장, 대성학교 교장과 함께 한영서원 설립자이기도 하다. 자가 좌옹인 윤치호가 1907년에 애국가를 작사하여 한영서원에서 교재로 편찬한 ≪찬미가≫에 포함시켜 널리 보급했다. 그는 독실한 감리교인이기도 했다. 해방 10년이 되는 1955년에 국사편찬위원회에서 애국가 작사자 심의가 있었다. 참석자는 백낙준, 이병도, 이선근 등을 포함한 13명의 당대 석학이었다. 표결을 붙였는데 작사자로 윤치호가 11표 그리고 반대가 2표였다고 하는데 만장일치가 아니라 하여 부결되었다고 한다. 지금까지 다시 토론이 없었다고 하는데 왜 만장일치가 필요했는지 참 안타까운 일이다.

1999년 ≪연세매거진≫에 '애국가 작사자의 진실'이라는 제목으로 기고한 윤경남은 좌옹이 작사자라고 다시 밝힌다. 더구나 그가 소천한 지 53년 만에 '좌옹 윤치호 문화 사업회'가 조직되어 그동안 발굴되지 않은 역사적인 애국가 작사자의 진실을 발표한다고 한다. 전체의 뜻을 보아서는 그가 일제 강점기에 친일을 했다 하여 고의적으로 진실을 은폐했다고 한다. 연구에 의하면 윤치호가 60여 년 넘게 쓴 영문일기를 토대로 박사학위 받은 학자가 있다. 그는 화란 라이덴 대학의 군테 괴스테를 교수이다. 1995년 광복회 주관으로 한 '윤치호 친일 협력에 대한 재평가' 강연에서 "한국의 지정학적 조건 때문에 좌옹이 자기 민족에게 오해를 받고 있어요. 흑백논리가 강한 나라니까요. 일본이나 미국어디에서나 좌옹 선생을 민족주의 애국자라고 말하는데 그를 친일파라고 하는 나라는 한국밖에 없습니다."라고 말을 한다.

그가 그동안 우리의 잘못을 지적해 준다. 좌옹의 사위이기도 한 정광현 교수가 에모리 대학에 기증한 애국가 친필을 위시하여 김선풍 교수의 애국가 연구문에서 최규남, 백낙준, 김동성, 최남선 등 당대 한국을 대표하는 학자들의 윤치호가 애국가 작사자라는 증언도 포함되어있다. 그리고 백낙준 박사는 서면으로도 그의 뜻을 밝힌 바 있다고 한다. 음악 평론가인 김종만은 1904년부터 1920년 사이에 부른 미국 한인 찬송가 속에 "윤 선생 티호 군 작사"로 적힌 현행 애국가를 보관하고 있다고 한다. 미국 적십자가 발간한 ≪National Anthems-And How They Came to be Written≫이란 영문자 책에서도 애국가 작사자가 Chiho Yun이라고 밝힌다,

괴스테를 교수는 그의 논문에서 "그를 민족주의자로 취급할 것인가,

또는 친일인사로 매도해 버려야 할 것인가 하는 선별적인 문제가 남아 있기 때문이다."라고 한다. 2009년 12월 7일자 김동길 교수의 Donggill kim. com에 나와 있는 글을 소개한다. 그는 그동안 애국가 작사자를 알고 있었는데 말을 하지 않았다고 하며 이화대학의 김활란 박사의 이야기를 인용한다. 김 박사가 해방 직후 개성에서 은둔하고 있던 좌옹을 문안하였는데 그는 당부하기를 "애국가를 내가 작사했다고 말하지 마시오, 내가 지은 줄 알면 나를 친일파로 모는 저 사람들이 부르지 않겠다고 할지 모르니까."라고 당부했다는 것을 김동길 교수는 들었다고 한다. 이제 오래된 친일 문제는 역사판단에 맡기기로 하고 구만리 같은 앞날을 바라보는 현시점에서 이제 이 문제를 정리하여야 한다. 미국국가는 작사된 지 100여 년 만에 공식적으로 채택되었는데 이제 해방 65년 맞는 2010년에는 애국가 작사자의 이름이 좌옹 윤치호로 정정되었으면 하는 한 해외동포의 마음이다.

혼혈 한국인

6·25전쟁 전 서울 오장동 우리 집 근처에 한국인 아버지와 일본인 어머니 사이에서 태어난 내 또래 아이와 꽤 친하게 지냈다. 그런데 주위 어른들이 '아이노꼬'와 놀지 말라고 하여 만나는 것을 꺼려하면서도 그렇게 말한 어른들의 마음을 알 수 없었다.

그러다가 1960년도에 접어들며 대학을 마치고 미국 항공회사 에이전시에 취직이 되었다. 미군 위락시설이 있는 파주에서 귀환한 장병들의 여행 업무를 몇 년 동안 본 적이 있다. 위락시설이 있는 기지촌의 열악한 환경 속에서 자라는 혼혈 아이들을 여러 번 볼 기회가 있었다.

백인 혼혈은 그저 그런대로 괜찮았는데 흑인 혼혈들은 사람 취급도 받지 못하고 주위에 얼씬거리지도 못하게 했다. 마치 외계인을 보는 것처럼 이 아이들을 따라다니며 구경했다. 전쟁 후에 우리도 살기 바쁠 때 그저 그런가 보다 하고 지나치며 나에게는 안됐다는 것 이외에는 관심 밖의 일이었다. 운이 좋은 아이들은 아버지 따라 미국에 가기도 하고 아니면 미국 가정에 입양되지만 한국에 남아 있던 아이들의 형편은 힘들었다고 한다.

한국에서 우리와 용모가 다른 젊은이들은 군대에서도 받아주지 않았다. 내가 1960년도 중반 월남에서 본 그들의 인종문제의 관대함에 놀라기도 했다. 몇 십 년 동안 프랑스 식민지하에서 태어난 혼혈인들을 사회에서 거리낌 없이 받아들인다. 백인모습의 월남군 병사도 여러 번 목격했다. 단일 민족의 우수성만 교육받고 자란 나에게는 이상하게 보이기도 했다.

얼마 전 피츠버그 스틸러의 하인스 워드가 이명박 대통령과 악수하는 모습이 국내 신문에 크게 실렸다. 그리고 그를 한국계라고 대대적으로 보도했다. 또한 한국일보 로컬판에 워싱턴주 타코마에서 한국계가 시장으로 출마한다는 기사와 함께 흑인여자의 사진이 실렸다. 사진만 보고 좀 의아하기도 하였다. 당선이 유력한 현 시의원 매릴린 스트릭랜드는 흑인아버지와 한국어머니 사이에서 태어났다고 한다. 내가 경험한 1960년대를 회상해 보면 어림도 없는 이야기다. 저렇게 검은 사람을 한국계라고 하는 것을 보며 시대의 변천과 생각의 변화도 생각게 한다. 순수 혈통을 따지기 전에 본인이 그렇다고 하면 그런대로 받아들이는 우리 지혜도 역시 필요하겠다.

경우는 어떻든 간에 이들을 한국계로 받아들이는 것은 참 잘한 일이다. 우리가 마음을 열고 받아들이면 아무 일도 아닌데 쓸데없는 우리 고집 때문에 그들을 우리 삶에서 소외시킨 지나간 날들을 생각하면 마음이 아파오고 지금도 국내에서 그들을 차별하는 사례에 신경이 쓰인다. 그렇게 사람 취급도 받지 못하다가 유명하여지니 한국사람 축에 끼워준다고 누가 이야기한다 하여도 할 말이 없을 것이다.

얼마 전 알라메다 카운티 고위직에 있는 백인 친구를 보러 사무실로 찾아간 적이 있었다. 흑인 여자직원을 나에게 소개하며 한국 사람이라고 한다. 의아해서 쳐다보니 어머니가 한국 사람이라고 한다. 한국 사람인 나를 별로 반갑게 대하지도 않고 얼른 자리를 뜬다. 언제 미국에 왔는지 모르지만 우리에 대해 별로 감정이 좋지 않은 모양이다.

우리의 단일 민족과 혈통주의 아집이 빚어낸 어처구니없는 일들을 가끔 우리 주위에서 보게 된다. 어쩌면 일본 식민지하에 근대문명을 받아들이며 그들이 갖고 있던 '야마또' 민족주의도 우리가 알게 모르게 받아들이지 않았나 하는 생각도 든다. 해방이 되어 일본교육을 받은 지도자들이 일본민족주의 교육 잔재를 우리에게 무의식적으로 전수시키는 악순환도 있었을 것이다.

미국에서 귀국한 이승만 박사의 '일민 주의' 교육 이념이 우리를 더 배타적으로 하지 않았나 하고 생각도 한다. 이제 세계는 점차 좁아지고 지구촌이라고 하는데 인종문제에 우리는 더 관대해야겠다. 지금 미국은 'One people, One culture'라는 개념으로 여러 인종을 포용하고 미국사람으로 만들고 있다. 미국처럼 인종 문제에 당장 관대할 수 없지만 한국도 인종이나 문화에는 내 것만 고집 할 때가 아니다. 하인스 워드가 펼치는 혼혈 한국사람 돕는 일에 우리 동포들이 동참하여 아량 넓고 이 시대를 아우르는 한국 사람의 표상이 되었으면 한다.

평화봉사단

여러 해 전 일이었다. 평화봉사단 본부에서 나라와 휴머니티를 위하여 평화봉사단에 지원하지 않겠느냐는 편지가 왔다. 당시 나이가 60이 넘었지만 별로 놀라지 않았다. 이 단체는 대학을 갓 졸업한 젊은이들을 찾고 있었지만 은퇴한 사업가나 전문경영인도 적극적으로 권장하는 터였다. 처음 창설될 때 전체 지원자의 1%가 나이 50세 이상이었지만 현재는 5%을 넘고 결혼한 부부지원자가 꾸준히 상승한다고 한다.

그렇지 않아도 몇 년 전에는 나도 은퇴한 다음 봉사단원으로 중국내륙지방이나 아니면 동구라파에 가고 싶은 마음도 있었다. 그곳 사람들에게 내가 아는 것을 가르쳐 주고 그들에게 배우고 싶은 마음이었다. 중국 문화나 언어를 배우거나 아니면 로마제국과 신성로마제국의 발자취를 답사하며 역사를 배우고 싶기도 했다. 내 뜻을 펼칠 좋은 기회였는데 30여 년 넘게 운영해온 내 사업체를 그리 쉽게 손을 놓을 수가 없기도 했지만 그때 막 시작한 늦깎이 공부 때문에 다음 기회를 기약하였다.

평화 봉사단은 1961년 3월 1일에 국회를 통과하고 발족하게 되었다.

미국사람들을 그들을 필요로 하는 나라에 보내 현지 인력을 훈련시키며 아울러 미국을 홍보하는 기구로 시작하게 된 것이다. 이제 40여 년 가깝게 약 20만 명의 봉사자가 세계 각처에서 민주주의의 선교사로 봉사하기에 이르렀다. 미네소타주 상원의원과 부통령을 지낸 휴버트 험프리가 발의했고 젊은 대통령 존 케네디의 최종 결정으로 탄생되기에 이르렀다. 당시만 해도 미국에 징집제가 있어 군복무 대신에 평화봉사단 2년 봉사하는 기회를 주기도 하여 이를 반대하는 사람들은 평화봉사단이 병역 기피자들의 온상이라고 비난하기도 했다. 케네디 대통령은 상원의원시절 평화봉사단 창설을 적극적으로 뒷받침하며 그의 대통령 취임사에서 미국민을 향한 유명한 연설을 하였다. "나라가 여러분을 위하여 어떻게 하라고 요구하지 말고, 여러분이 나라를 위하여 어떻게 하여야 될지 생각해야 됩니다." 이 연설문이 민주국가에서 국민이 해야 할 의무를 요약한 것으로 알려지기도 하지만 평화 봉사단의 봉사와 헌신을 위한 뜻으로 한 것은 잘 알려지지 않고 있다.

제2차세계대전 이후 정치적으로 경제적으로 슈퍼 파워가 된 미국을 여러 나라 사람들이 그리 고운 눈으로 보지는 않아 정부 당국에서 신경을 쓰고 있을 때였다. "어글리 아메리칸"이니 "미제국주의자"라는 비난을 피하지 못하고 있었다.

이때에 평화봉사단이 빛을 보게 되었으며 아프리카의 신생독립국인 가나와 탄자니아에 평화봉사단 파송으로 전 세계를 향한 봉사활동에 문을 열었다. 2년 동안 봉사 기간에 처음 여러 달은 해당국가 언어를 집중교육시켰다. 프로그램이 잘된 언어 교육을 몇 달 받으면 파송될 나라의 말을 제대로 구사하게 된다. 그들의 언어교육은 참 효과적이다. 봉사단원들의 언어구사력을 보고 10여 년 넘게 영어교육 받고도 입도 제대로 뻥끗 못하는 우리와 크게 비교가 되기도 했다.

봉사단원들의 대우는 왕복 교통편, 의료보험과 현지수준에 맞는 급료가 지급되었다. 1970년대에 약 $300여 정도가 된다고 들었다. 그 정도면 해당지역에서 숙식은 해결된다고 한다. 내가 알고 있는 몇 사람은 충청도 시골에서 영어 선생을 했다고 하며 전형적인 시골집에서 하숙을 했다. 한 참 식욕이 왕성하던 이 젊은이들은 하숙집에서 주는 푸성귀만 먹다가 월급이 나오면 시내 중국집에 가서 고기가 많이 든 중국요리로 포식을 했다. 나와 우리말로 이야기할 때 충청도 사투리를 느릿느릿해서 배꼽을 잡고 웃기도 했다.

귀국하여 직장을 얻을 때 그들의 봉사 정신과 리더십이 인정되어 직업도 쉽게 얻는 경우도 여러 번 보았다. 일반적인 미국사람들보다 식견도 높고 성숙하여 돌아온 이들은 대부분이 파견되었던 나라의 좋은 친구가 되기도 한다. 주한 미국대사가 평화봉사단원으로 한국 중학교에서 가르치기도 하였다.

주위에 대학을 졸업하고 방황하는 우리 젊은이들을 보면 이런 봉사단체에 들어가 세계를 향한 안목을 키우라고 권유하고 싶다. 2년이 인생의 낭비가 아니고 다음 단계를 향한 도약의 발판이기 때문이다. 나도 몇 년 후면 은퇴하고 평화봉사단에 원서를 내려고 계획을 하고 있다. 이제 70이 가까워오는데 "아직 철이 나지 않았다."는 주위의 이야기를 듣는 것이 그리 싫지만은 않다. 나도 인생을 도약하는 발판으로 삼고 싶다.

클래식과 대중음악

얼마 전 공공모임에서 누가 클래식을 뺀 다른 음악은 다 쓰레기라고 하는 이야기를 했다. 본인은 그러지 않았지만 대중가요를 뜻하는 것 같았다. 더구나 음악을 하는 전문가여서 더 놀랍다. 어떤 이유였는지 모르겠으나 정작 클래식 음악이 시작된 유럽 사람들이나 그 음악을 즐기는 미국 사람들도 하지 않는 이야기인데 이제 서양 고전음악이 한국에 소개된 지 겨우 100년도 안 되는 나라 사람이 한 이야기여서 마음이 더 무겁다.

나도 한때는 그렇게 생각한 적이 있기는 했는데 당시는 철부지인 스무 살이 채 안 되는 대학 초년생이었을 때였다. 한국 전쟁이 끝난 몇 년 후인 그때 본격적으로 클래식 음악을 들을 기회가 있었다.

나에게는 새로운 경지의 발견이었다. 참 이런 것도 다 있었구나 하며 그저 즐겼고 그 음악이 가져다주는 서양 문화가 좋아 누구누구의 교향곡, 협주곡 하며 거의 외우다시피 하며 들었다. 그때 브람스를 알게 되고 하이든과 모차르트 등이 귀에 익기 시작했다. 드뷔시 그리고 림스키 콜사코프 등 담배 연기가 자욱한 인사동의 무아 다방과 르네상스 음악 감상실에서의 공부를 진행하였다. 걸핏하면 대학 강의를 빼먹고 그곳으로 향하여 아침부터 저녁까지 서양 고전음악을 듣곤 하였다.

공과대학 건축과 동창인 Y군은 어려서 피아노 연주를 사사받아 서양음악에 일가견을 갖고 있던 터여서 그한테 배우기도 했다. 그때 음악 감상실에서 우리 음악 두목 노릇은 H형이 했다. 그는 6 · 25전쟁에 참전하여 육군 대위로 제대한 룸펜이었다. 나이는 우리보다 10여 년 위인 무직자이었고 우리가 선생님이라고 하니 그저 편하게 형이라고 부르라고 했다. 생활이 어려운 그여서 우리가 가끔 자장면과 막걸리를 대접했다. 그의 배경이 어땠었는지 이제 50여 년 전 일이어서 기억이 나지는 않지만 클래식이나 재즈 음악에 퍽 조예가 깊은 사람이었다. 형을 통하여 〈세인트루이스 블루스〉가 어떻고 조지 거쉬인이 서양고전 음악과 재즈를 어떻게 조화시켰는지를 알게 되었다.

그때 음악하면 대중가수 현인과 남인수 등이 부르던 구성진 유행가밖에 모르던 나에게는 새로운 발견이었고, 우리 대중가요는 점차 유치하게 들렸다.

이곳에 살며 십수 년 전에 트럼펫의 대가 윈턴 말세리스를 알 기회가 있었다. 그는 클래식과 재즈를 자유자재로 넘나들며 공연을 한다. 백악관에서 귀빈들에게 여러 번 공연하기도 한 대단한 음악가다. 그는 탱글우드와 줄리아드에서 클래식 음악을 정식으로 공부한 사람이다. 하지만 아무도 이 사람이 대중음악을 한다고 비난하는 사람은 없다. 아마 두 음악을 편견 없이 받아들이는 성숙한 미국 관객의 음악문화 마음가짐에서 오는 결과일 것이다. 재즈 음악을 서양고전에 접목시키는 붐이 조지 거쉬인 이외에도 지금도 활발히 계속되고 있다. 세계적으로 명성을 떨치는 러시아 바이올리니스트(유리 바쉬메트)와 색소폰 주자가 금년 초 미국 공연 때 재즈와 클래식의 만남이란 제목으로 같이 공연을 하기도 했다. 그리고 이츠하크 펄먼 같은 바이올린 연주가도 재즈 연주를 한 것을 들은 기억이 난다. 이외에도 여러 나라에서 이런 현상이 벌어지고 있다.

우리 대중가요가 재즈에 어떻게 못 미치는지 나는 전문가가 아니어서 모르겠다. 아마 조수미 같은 사람이 이미자의 〈동백아가씨〉를 불렀다면 한국관객이나 음악인들의 반응이 어떠했을까 하는 엉뚱한 생각도 해본다. 얼마 전 밴 클라이번 피아노 음악경연 대회에서 일등을 한 일본 피아니스트 스츠이는 즐거운 때면 우리 대중가요와 같은 엔가를 부른다고 한다. 이렇게 한다 하여도 일본 음악계에서 그를 질타하는 사람들은 없는 모양이다.

서양 고전음악도 좋지만 우리의 한과 애수가 담긴 대중가요가 이제 그렇게 친근하게 느껴지고 좋아진다. 더구나 오래 외국에서 살다보니 대중가요가 가져다주는 향수가 더해 가는가 보다. 어느 친지가 이야기했듯이 쿨 하게 서양음악만 좋아하다가 40이 넘으며 우리 유행가가 자연스럽게 나온다고 한다. 나도 여흥시간에 내 차례가 오면 장세정의 〈고향초〉를 부르며 내 감정에 복받쳐 눈시울이 붉어질 때가 요즘 들어 많아지고 있다. 이렇게 우리 감정에 충실한 음악을 누가 쓰레기라고 하겠는가? 참 알다가도 모르겠다.

추수 감사절과 북한의 만용

매년 추수 감사절 이틀 전에 오클랜드시와 내가 주관하는 단체 공동 주최로 저소득층과 노숙자를 위한 만찬을 준비한다. 15년 전 이스트베이 상공회의소 회장을 하던 때에 돕기 시작한 것이 지금까지 계속된다.

시정부에서 먼저 시작했지만 우리 동포가 참여하면서 질서가 잡히고 우리 커뮤니티에서 모금하는 금액이 전체 경비에 적지 않은 비율도 차지한다. 더구나 동포 자원 봉사자가 전체 300여 명 중에 200여 명이 넘는다. 목적은 봉사를 통하여 인종의 벽을 허물고 주류사회의 당당한 일원임을 다짐하고자 시작한 행사다. 마지막 점검을 하는 행사당일 아침 뉴스에서 북한집단이 연평도에 포격을 가했다는 긴박한 외신을 접했다. 분노가 치밀어 올랐다.

내가 다섯 살에 해방되며 우리 가족은 남쪽으로 피난을 오고 5년 후에 그들이 점령한 서울에서 어린아이가 보지 말아야 할 것을 보고 당하지 말아야 할 일들을 당했다. 휴전 이후에 있었던 그들의 만행은 이루 말할 수 없는데 지난번 천안함 폭침이 뇌리에 사라지기도 전에 또 저지른 그들의 만행에 할 말을 잃었다.

행사를 진행하면서 생각은 온통 오늘 아침뉴스에 집중되어 마음이 편치 않았다. 그런 중에 방문한 외부 손님들과의 인사와 취재하는 언론과 대담하는 등 바쁜 일정이었다. KTVU 채널 2 리타 윌리암스 기자가 이번 사태에 대해서 인터뷰하자고 한다. 나의 배경을 알고 찾아온 것이다.

연평도가 해병대 주둔지역이고 더구나 한국해병 출신인 내가 이번 사태를 어떻게 보는지 이야기해 달라고 한다. 근 50여 년 전 그곳에 배속될 뻔한 이야기와 함께 질문에 응했다. 처음 이 뉴스를 접했을 때 치민 분노로 마음이 어지러웠으나 시간이 지나며 분노가 연민으로 바뀌었다고 했다. 다만 이번만은 그냥 넘어갈 일이 아니며 중국을 위시한 전 세계가 북한을 응징해야 되고 그들의 공갈수법에 휘말리지 말아야 한다고 강조했다.

커뮤니티를 봉사하는 좋은 날에 마음이 아프고 혼돈스러웠다. 여러 방송매체와 같은 내용으로 전화인터뷰도 했다. 신경은 북한도발에 쓰였지만 그 와중에도 행사는 잘 치러졌다.

매년 넉넉지 않은 예산 때문에 동참을 호소하니 여러 봉사자들이 모금함에 성금을 한다. 어떤 이들은 와서 슬그머니 내 호주머니에 봉투를 넣기도 한다. 매년 이맘때가 되면 이렇게 돕는 사람들을 보며 내 마음이 풍요로워진다.

감리교 창시자 존 웨슬리 목사는 이런 설교를 자주했다.

우리는 최선을 다해서 돈을 벌고 최선을 다해서 성금을 해야 된다고 했다. 우리가 좌우명으로 새겨야 할 말이고 봉사하는 이들의 아름다운 마음을 본다. 이제는 자원 봉사자수가 넘어 필요로 하는 다른 곳으로 안내도 해준다. 이때만 되면 으레 봉사하는 것으로 아는 미국사람들의 자세를 우리도 배우고 이런 봉사하는 전통을 자녀들에게 가르쳤으면 한다.

언젠가는 이런 커뮤니티를 위한 봉사가 얼어붙은 땅에 사는 북녘 동포들에게 전해지고 그들과 첫 번 수확을 나누었으면 하는 마음이다. 우리가 다른 사회를 위한 아웃리치를 그들에게 할 수 있는 기회를 바란다.

이제 우리의 생활 반경은 점점 좁아지는데 봉사를 통하여 인종의 벽을 넘는 one people, one culture를 모두 수용해야겠다.

오늘 우리 지역사회를 위하여 2,700여 명에게 따듯한 칠면조 만찬 대접과 함께 여러 결실을 감사한다. 더구나 바쁜 일정에 이 행사에 헌신한 봉사자들에 감사한 마음을 어떻게 다 표할 수 없다. 아침에 가졌던 마음 아픈 일이 커뮤니티 일을 하면서도 쉬 없어지지 않는다.

분노와 연민과 봉사가 마음을 스치고 가는 하루였다.

20년이 되는 내년 잔칫날에는 북한의 핵 위협에서 벗어남을 자축하는 그런 날이 되었으면 하는 바람이다.

전쟁과 핵 협박

근래 북한이 하는 전쟁위협 발언에 한국은 물론 미국 등 여러 나라가 신경을 곤두세우고 있다. 남한 뿐만 아니고 일본과 미국을 계속 위협하고 있는 상태이다.

새로 정권을 잡은 오바마 행정부가 힐러리 클린턴 국무장관을 아시아에 보내는 등 사태가 여간 심각하지 않다.

이북은 자기네 마음에 맞지 않는다고 조건 없이 햇볕정책에 의하여 10여 년간 도움을 받던 남한에 무시무시한 협박을 해대곤 한다. 오래전 버클리에서 개최한 평화통일 심포지엄에 북한대표로 참석했던 박영수는 서울을 불바다로 만들어 버리겠다고 거침없는 말을 해 대는 것을 시작하여 우리가 1950년대 1960년대에 들어왔던 괴뢰니 역적도당이니 하며 마치 타임머신을 되돌리는 것 같다.

이런 어처구니없는 상투적인 위협을 미디어에서 접하며 1950년의 한국 전쟁을 생각하게 된다. 선견지명이 있는 지도자들의 이야기를 들었다면 3년여간 혹독하게 치른 전쟁의 대가로 한반도에 영구 평화가 정착했을 것이고 그리되었으면 미국이나 일본도 위협 같지도 않은 위협 속에서 전전긍긍할 필요도 없지 않았을까 하는 생각도 든다. 만주에 원자탄을 투척하여 북한을 돕고 있는 중공군을 원천봉쇄할 것을 주장하다가 퇴역당하는 맥아더 장군이 있다. 트루먼 대통령에게 불복종하였다고 미국의 '시저'는 50여 년의 군 생활을 마친다.

미8군과 유엔군 사령관 리지웨이 장군이 맥아더의 후임으로 극동사령관이 되고 벤프리트 장군이 1951년부터 휴전이 되는 때까지 한국전쟁을 지휘했다.

한국에 주둔하며 이승만 대통령과는 각별한 사이인 그는 퇴역하는 1953년 의회에서 자신은 패전하는 중공군을 섬멸할 기회가 있었다고 했다. 더구나 북쪽으로 더 진격할 수 있었는데 탄약 등 군수 물자가 수송되지 않고 리지웨이 장군으로부터 견제를 받아 엄청난 사상자를 낸 다음 휴전을 맞았다고 한다. 그는 의회에서 엄청난 사상자를 낸 휴전선 일대를 'meat grinder'라고까지 표현했다.

벤프리트 장군이 한국전쟁을 지휘하던 1952년 4월에 그의 아들 벤프리트 공군대위는 B-26기로 북한 순천 근처에 주둔한 중공군을 폭격하다가 대공포에 맞아 산화했다고 공군사령관으로부터 보고를 받았다. 27세의 꽃다운 나이였다.

아들이 전사한 다음날 노장군은 한국군 2군단 창설식에 아무 일도 없었던 것처럼 참석했다고 한다. 내가 근래에 친지로 받은 글에 의하면 '그는 뛰어난 전략가였으며 이승만 대통령과 호흡을 맞춰 공산군을 물리치고 한국군을 현대화하는 일에 정력을 쏟았다.'고 한다. 그래서 그를 한국군의 아버지라고까지 한다.

우리의 상식으로는 사랑하는 자기 아들을 후방에 편한 보직을 줄 수 있었다. 이 이외에도 엄청나게 밀려오는 공산군을 막고 시간을 벌기 위해 낙동강 전투에 투입된 윌리암 딘 소장이 이끌던 사단은 지리멸렬되고 사단장이 여러 날 산속을 헤매다가 공산군에 포로가 되는 비극을 겪었고 포로교환 때 석방되기도 했다. 버클리에 살다가 타계했다.

살아생전 미디어에 나타나지도 않고 칩거생활을 했다. 그리고 역시 같은 시기에 지휘관이 된 워커 장군은 낙동강 전투와 마산방어선을 지휘하다가 교통사고를 당하여 순직했다.

그의 전투기록을 보면 초인간적인 힘으로 풍전등화 같은 전선을 유지했고 아마 그 전선이 무너졌더라면 일본으로 철수해야 되는 급박한 상황이었을 것이다. 그를 기리며 서울에 새로 지은 호텔을 워커힐이라고 명명했다.

한국이 그를 기리는 이름 하나로 보답은 다 못할 것이다.

1950년 한국전쟁을 종결을 위한 종결이 아니고 계속하여 북진하였더라면 50여 년 지난 지금 전쟁을 일으킨 장본인들의 위협에 시달리지도 않을 것이다. 더구나 전쟁 수행에 자신의 혈육까지 바친 군지도자들의 희생에 머리를 숙인다.

그들이 한국군 지도자가 아님에 더 숙연해진다. 당시에 열악한 상태에서 나라를 지킨 젊은 한국군 지휘관들에게 끊임없는 찬사를 보낸다. 대부분의 그들은 일본군이나 만주군 초급 장교 출신이었으며 제2차세계대전이 끝난 5, 6년 만에 나이 20대 말 30대 초에 연대장과 장군이 되어 사단을 지휘하기에 이르렀다.

전쟁 당시에 군 입대 적령기였고 군복무를 피한 어떤 한국정치가들의 애국심에 회의를 가져본 사람은 나 혼자뿐만은 아닐 것이다. 어떤 사람들은 미군이 한국을 방어하러 갈 때 거꾸로 미국에 징집도 피할 겸하여 온 사람도 적지는 않았을 것이다. 유엔 16개국이 군사들을 잘 알지도 못했던 한국에 보낸 것 이외에도 재일 교포 700여 명이 자원입대하여 한국 전선에 투입되고 약 200여 명의 사상자도 냈다고 한다.

역사는 한국을 방어하고 민주주의에 초석을 이루게 한 이들을 발굴하고 우리가 서 있는 자리를 알려 주는 일을 해야 될 것이다. 그리고 다시는 한국과 같이 이념이 다르다 하여 동족으로부터 핵 협박을 당하는 나라는 없어야 한다.

중국인들의 반한감정

약 3년 전에 같이 대학원에서 박사과정 하던 중국 친구가 자기가 켜 놓은 중국포털 사이트를 보라고 한다. 한문으로 쓰여 있어 대강은 알지만 자세히 모르니 설명을 해준다. 어떤 것은 한국에 관한 사건들이 엄청나게 왜곡된 것도 있어 두 나라 국민들의 불신의 골이 더 깊어지기 전에 어떻게 해봐야겠다는 생각이 들었다.

서울에 있는 언론사 친구한테 보내 기사화하라고 부탁을 했으나 기사거리가 되질 않는다고 한다. 그리고 이곳에 있는 동포 신문에 연락했으나 별로 반응이 없었다. 아마 저들이 그러다가 그만두겠지 하는 너무 안일하게 생각했는지도 모르겠다.

나도 바빠지다 보니 더 신경을 쓰지 않다가 한국 사람이면 기겁할 일들을 근래 목격했다. 이번 북경 올림픽에 한국선수 입장할 때 군중들로부터 다른 나라 선수한테 보여준 환대가 없었다. 일본과 한국경기에 2차대전 때 중국 사람들을 그렇게 학대했던 나라를 열렬히 응원한 엄청난 것을 보며 아연실색할 수밖에 없고 어처구니가 없었다. 일본이 좋아서보다 한국이 미워서 한 처사라고 한다.

이제 사태의 위급함을 알아서인지 급기야 두 나라의 정상들이 반한 감정들을 거론하기에 이르렀다. 신문사에 사설로 다루기 시작하고 시민들이 관심을 갖는가 보다. 그리고 이 사건에 관련된 기사가 신분에 매일 실리다시피 한다. 아마 올림픽이 없었으면 그냥 지나칠 수도 있었을 것이다.

이번에 반한감정이 이상하게 비약하는 것 같아서 같이 공부한 대만 대학교수와 중국에서 유학 와서 학위가 끝나지 않고 학교에 남은 중국 친구에게 연락을 했다. 대만 사람들과 중국 사람들의 반한 감정을 요약하여 알려 달라고 하니 다음과 같은 글을 보내 왔다.

- 중국의 역사 인물들을 한국 사람으로 둔갑시킨다고 한다. 한국 사람들이 공자와 근세기 중국 지도자인 손문이 한국사람 자손이라고 한다고 격분한다.
- 중국고유 명절인 단오절을 한국 것이라고 UN기구에 등록했다고 한다.
- 중국 발명품을 한국 것으로 주장한다고 하며 인쇄기가 전 세계적으로 처음 중국에서 시작했는데 한국 것이라고 한다.
- 두유(soy milk)도 중국 사람들이 발명했는데 한국 것이라고 우긴다고 한다.
- 한약의 漢이 한국의 韓자로 쓰여진다고 한다.
- 북경 올림픽 개막식과 엄청난 폐막식을 총 계획하고 성공적으로 이끈 영화감독 장예모도 조상이 경기도 출신 한국사람일 수도 있다는 주장을 한다고 한다.
- 올림픽 예행연습을 보하지 않는다는 언질을 받고 각국 기자들한테

공개했는데 약속을 지키지 않은 것은 한국 기자뿐이었다고 한다. 한국 텔레비전에 미리 보도되어 그 방송이 경고 처분까지 받았다고 한다.

- 서울에서 개최된 World Computer Game에서 대만이 이겼는데 한국이 승복하지 않고 한판 다시 하자고 했다 한다.
- 한국 사람들은 자존심이 지나치게 강하고 경우가 없고 무례하다고 한다.

누구의 잘잘못을 따지기 전에 우리한테 가까운 나라 사람들한테서 들은 이야기가 착잡하게 들린다. 혹시 중국을 개량하고 발전시켜서 우리가 쓴다 하여도 출처는 분명하게 하는 게 예를 지키는 것이고 오해를 불식시킬 수 있다.

따지고 보면 이들의 이야기가 사실이라면 이해도 간다. 이제 전 세계가 점점 좁아지고 우리 글과 문화를 아는 외국 사람도 많아지는 이때에 그저 우리 민족만을 내세우고 주위를 생각지 않고 하는 일은 자제해야 될 것이다.

두 국민의 골이 더 깊어지기 전에 민간외교로 풀어나가야 한다. 해외 동포들의 기여와 참여가 더 필요한 때이기도 하다.

06 장인정신

아시아계 정치가 / 아이비리그 대학
억류된 한국계 미국인 / 외국어 배우기 / 우리의 정치참여
이니셜 / 커뮤니티 칼리지 / 장인정신 / 제니퍼 존스
책 / 대기만성 / 협상 방법

아시아계 정치가

금년은 미국의 이변 중에 이변인 흑인계가 대통령에 당선되어 역사에 큰 획을 긋는 해이기도 하다. 그는 흑인노예를 해방시킨 에이브러햄 링컨 대통령 출신 구역인 일리노이 주에서 상원의원을 한 예비된 우리의 지도자이기도 하다. 그의 당선이 우리 비백인 시민들에게 주는 의미는 대단하다. 한마디로 요약 한다면 "하면 된다." 즉 'Can Do Spirit'의 극치이기도 하다. 앞으로는 흑인 이외도 비백인지도자가 주저하지 않고 등장할 물꼬를 튼 것이다. 지난 50여 년간 역경을 딛고 정치에 입문한 사람들은 일본계이다.

민주당 지도자였던 새크라멘토 출신 로버트 마쓰이와 산호세의 노만 미네타를 아시아계 정치개척자로 들 수 있다. 몇 십 년 동안 경험된 정치 지도력 때문에 마쓰이는 차기 하원의장 자리를 기다리다가 얼마 전 세상을 떠났다. 참 안타까운 일이었다. 공석인 그 자리에 그의 미망인 도리스 마쓰이가 당선되어 남편의 유지를 이어 나가고 있다. 민주당 지도자이고 부시행정부에서 교통부장관을 지낸 미네타도 있다. 내가 개인적으로 알던 이 두 사람은 자기 커뮤니티를 소홀하게 한 적이 없었다. 감리교인인 그들은 아시아 감리교 전국조직에 관여하기도 하고 미네타 의원은 출신 구역에 돌아올 때면 그가 자란 일본 감리교에서 주일학교 선생을 했다고 한다. 그들이 지금도 잊히지 않는 것은 자기들의 정체성과 커뮤니티를 잊지 않은 것이다.

이제 고인이 된 남가주 몬테레이파크 출신 '알프레드 송'은 우리 동포였다. 남가주 상하원에 비백인으로 처음 당선된, 하와이가 고향인 그는 제2차대전 참전 후에 LA 근처로 이주하였다. 그는 아시아인이기에 겪은 인종 차별을 이기는 방법은 정치에 입문하는 길이라 하며 USC 법과 대학 졸업 후에 변호사가 되었다. 1960년에 몬테레이파크 시의원을 거쳐 다음해에 주의원과 5년 뒤에 상원의원이 되었다. 그의 동료였고 후에 상원의장이었던 로버티 같은 이는 송 의원을 율사 중의 율사라고 칭찬을 아끼지 않았다. 상원 법사분과 의원장인 그의 법해석과 그가 기초한 법조항들이 여러 법과대학에서 교재로 쓰이기도 한다. 그는 1978년 재선 때 이혼한 부인이 FBI에 허위 비리 보고를 하는 바람에 신문에 보도되며 낙선했다. 이례적으로 FBI가 언론에 사실이 아님을 선거 이후에 발표하기도 했다. 정치인으로 인생이 끝난 그는 주 행정부에서 주선한 일을 하다가 세상을 떠났다. 들기로는 우리 커뮤니티와는 담을 쌓고 살았다고 한다. 북가주 모 일간지 지사장 K씨는 그가 한참 정치 활동할 때 취재하려 했었는데 응하지 않아 섭섭한 마음을 나에게 여러 번 전했다.

한국계 1세로 다이아몬드 바 시의원과 시장을 거쳐 공화당계로 연방하원의원이 된 제이 김(김창준)이 있다. 그는 민주당원으로 나와 같이 1970년대 말부터 80년대에 부지런히 민주당 일을 하던 인사로 당적을 공화당으로 바꾸며 민주당정치 동료들을 적지 않게 실망시킨 기억도 난다. 불법선거 자금 수수혐의로 가택연금된 일도 있고 재선에 실패를 하기도 했다. 북가주에서 한인 여성으로 지난 주 하원 선거에 재선된 매리 정 하야시 같은 정치가도 있다. 쉽지는 않지만 나름대로 커뮤니티 일에 앞장서는 앞날이 촉망되는 사람이기도 하다. 그는 아시아 여성건강단체 회장을 지내며 아시아인들이 꼭 모델시민만이 아니고 여러 가지 문제점이 있다고 지적하기도 하며 책도 출판했다.

아시아계로 한 사람을 더 들자면 뉴올리언스에서 흑인 현직연방의원을 물리치고 흑인 유권자가 2/3이 넘는 구역에서 당선된 '안 조셉 카오' 같은 이도 있다. 그는 월남 피난민가족으로 루이지아나에 정착한 사람이다. 그는 항상 커뮤니티 일과 그가 속한 천주교 일에 앞장을 섰다. 후에 변호사가 되었고 지난달에 있었던 선거에서 공화당계로 당선된 41세에 젊은 정치가이기도 하다. 아시아계로 실패한 김창준 전의원 다음으로 공화당에 의하여 천거된 사람이 아닌가 하고 어떤 이는 이야기하기도 한다. 미국 정치구도를 잘 알고 전 아시아 커뮤니티를 아우를 수 있는 사람이 새로운 정치 지도자로 부각되어야 한다. 자기를 길러준 커뮤니티가 주류사회처럼 세련되지 못하고 쿨하지 못하다 하더라도 그곳이 자기의 정치 기반임을 잊어서는 안 될 것이다. 이외에도 이번 지방선거에 당선된 우리 동포 정치가는 여러 명 있지만 다음 기회에 자세히 쓰려고 한다. 새로운 뜻을 갖고 정치에 입문한 매리 정 하야시나 안 조셉 카오 같은 이들을 우리는 격려하고 도와주며 그들의 밝은 앞날을 축복해 주어야 한다.

아이비리그 대학

오래전 일이다. 내가 책임지고 있던 교회 영어 예배에 젊은 한국여자가 찾아왔다. 자기는 동부에서 왔노라고 하며 한국말은 잘 하지 못한다고 어렵게 이야기했다. 태도나 매너리즘은 완전한 미국여성이었다. 나이는 이십사오 세 되어 보였다. 보스턴 출신이고 부모는 자영업을 하는 가정에서 자랐다고 한다. 자기는 생각이 별로 없었는데 부모님의 권유로 아이비리그에 입학했다고 한다. 자기 의지와는 상관없이 부모가 정해주는 과목도 택했고 전공도 정해주는 대로 했다고 한다. 자기 재능과 동떨어지는 과목을 공부하니 그렇게 괴로울 수가 없었다고도 한다. 더구나 부모가 자기를 동포사회에 전시용으로 끌고 다니는 게 싫어서 집을 떠날 수 있는 졸업날짜만 기다렸단다.

그렇게 공부했으니 졸업하고도 취직이 용이치 않아 결국 부모님이 운영하는 가게에서 얼마 동안 일을 하다가 대학에서 사귄 백인 보이 프렌드와 도망하다시피 하여 버클리에 신접살림을 차렸다고 했다. 어려서부터 교회를 다녀 집은 떠났지만 불효하면서 헤어진 부모를 만나는 마음으로 한국 교회를 찾았다고 했다. 지겨웠던 대학 생활이었고 부모들이 자기가 하고 싶던 학문을 못하게 한 섭섭한 마음과 혈육에 대한 그리운 마음이 겹친다고 했다.

젊은 여자의 부모는 어렵게 온 미국이니만큼 여러 해 동안 정신없이 일하며 자식을 키워 자신의 아메리칸 드림을 찾으려는 마음이었을 것이다. 자신의 희생 속에서 다 못한 꿈을 대신 찾으려는 마음으로 아이비리그 대학에 자녀들을 보냈을 것이다.

어떤 부모들은 아이비리그 대학이 마치 한국의 속칭 일류 대학처럼 생각한다. 물론 학풍이나 전통이 틀리다는 것이 아니라 자기 환경에 맞게 공부해야 하는 것을 지적하고자 함이다. 아이들은 영어가 제대로 되지 않은 부모 집을 떠나 미국 주류 사회의 일원이 되는 마음으로 집을 떠났다. 웬만한 사람의 일 년 월급에 가까운 학비와 기숙사비를 내며 동부의 전통 있는 대학에 간 것이다. 적은 액수의 장학금을 받으면 나머지는 집에서 학비를 충당하거나 아니면 융자를 받는다. 미국 아이들은 그 빚을 자기가 해결하려고 하는데 그것이 안쓰러운 한국 부모들은 자녀들의 빚까지 도맡아 어렵게 지낸다. 많은 아이들이 여름방학 때 부모들이 하는 자영업을 돕거나 일을 하지 않고 여가를 즐기는데 여념이 없는 것을 보면 참 격세지감을 느낀다.

가난한 1960년대 1970년대 유학생들은 주말과 방학 때 일을 하며 등록금과 생활비를 벌곤 하였다. 영어도 잘 통하지 않으며 학교생활에 적응하느라고 마음을 달리 쓸 여유도 없었다. 그들은 귀국하여 한국 근대화의 주역이 되었다.

일반적으로 보면 CSU(주립대학)시스템 대학에 한국학생들이 많지 않다. 고등학교 마치면 부모들이 비싼 사립학교나 아니면 UC시스템에 보내려고 한다. 내가 강좌를 맡고 있는 대학에 낮에는 카이저 병원에서 물리치료사로 일하며 주말에만 나와서 공부하는 '첸'이라는 남경 출신 중국 청년이 있었다. 열두 살에 미국에 와서인지 영어가 참 유창하다. 고등학교 졸업하고 남들처럼 집을 떠나 다른 곳에 가서 공부하고 싶었다고 한다. 학비 융자를 받아 갈 수도 있었는데 추가로 드는 돈은 부모한테 의존할 수 없었다. 그의 부모는 어렵게 식당을 하며 생활하는 처지였기 때문이다.

커뮤니티 칼리지에서 물리치료사 공부한 다음 취직과 함께 생활이 안정되며 4년제 대학에 편입했다고 한다. 학사학위 받고 같은 대학에서 MBA하며 나한테 두 과목을 공부한 학생이었다. 졸업하며 나한테 고맙다는 이메일도 잊지 않고 인사하는 예의 바른 청년이다. MBA하는 것을 알고 있던 카이저 병원에서는 그에게 경영분석가 자리를 승진과 함께 마련해 주었다. 그리고는 언젠가는 자기도 나처럼 일하며 박사학위도 받겠다고 다짐한다. 졸업식에 가서 그의 앞날을 축하해 주었다. 참 당당하고 야무진 그 청년이 자랑스러웠다. 이렇게 자기 앞날을 개척하는 것도 미국이 자기에게 심어준 개척자의 전통이라고 자랑스럽게 이야기 하던 그 중국 청년이 지금도 생각난다.

대학 가는 자녀가 있는 동포부모를 만나면 내가 하는 이야기가 있다. 경제적인 여건이 되거나 성적이 우수하여 큰 액수의 장학금 받을 수 있으면 모르겠지만 안 그렇다면 집근처 커뮤니티 칼리지에 보내고 졸업과 함께 4년제 주립 대학에 편입하는 것도 한 방편이라고 이른다. 그리고 졸업하고 실무 경험을 쌓은 다음 경제가 허락되면 아이비리그 대학원도 생각해볼 만하다고 이야기한다. 고등학교 막 졸업하고 아이비리그에 보내는 것은 생각해 볼 문제라고 조언도 한다. 아이들이 주류 사회의 일원으로 커가게 하는 것은 부모의 할 일이고 아마 이런 카운셀링을 우리 이민교회가 담당해야 할 큰 몫인지도 모르겠다.

억류된 한국계 미국인

얼마 전 한국계 미국인이 또 이북에 억류되었다는 뉴스가 났다. 에디 용수 전(전용수) 목사가 지난 11월 북한당국에 체포되었다. 가족들이 신문 지상을 통하여 건강이 좋지 않은 전 목사의 선처를 바란다고 했는데 아직 반응이 없다. 어떤 이유인지는 모르지만 그들의 필요에 따라 억류했다고 해도 북한당국은 할 말이 없을 것이다. 미국 국무성에 의하면 그는 입국비자가 있는 사업가라고 한다. 북한은 외부와 접촉하는 창구를 왜 이런 식으로 닫는지 알 수가 없다. 비단 이번이 처음은 아니다. 어떤 때는 이북이 불쌍하고 측은하지만 그들이 부리는 배짱과 오기에 넌더리 치는 사람들이 적지 않을 것이다.

2009년 3월에 한국계 방송 기자 유나 리(Euna Lee)와 중국계 로라 링(Laura Ling)이 한 · 중 국경에서 탈북자를 취재하다가 북측에서 온 경비원에게 강제로 끌려간 사건이 있었다. 백인 남자 사진기사는 용케 탈출하고 두 여자만 여러 달 동안 피를 말리는 고생을 한 일이다. 두 기자가 근무하는 TV 송사장이 부통령을 지낸 앨 고어가 돼서 어떻게 풀려날 것이라는 낙관도 했지만 그들이 풀려난 것은 5개월 만인 지난

2009년 8월이었다. 미국과 이북이 국교가 없어서 스위스 대사관을 통한 가족과 전화 통화도 가능했다. 이 두 사람은 다른 방에 감금되어서 서로 연락도 못하게 했다. 그들은 이북에 불법으로 입국한 죄로 10년 중노동 선고를 받았지만 실제로 형은 살지 않다가 석방되었다. 여러 번 형무소에도 가게 되었는데 상부의 관여로 입소는 면했다. 몇 번 미국 고위층 방문을 받은 이북 당국은 재미가 들렸는지 이 사건을 기회로 전직 대통령이 와야 석방하겠다는 식의 암시를 주기도 했다. 그동안 석방 교섭의 중추적인 역할은 로라 링의 언니 리사의 도움과 역할이 결정적이었다. 리사가 미국정치 거물급을 움직이는 데 성공했다.

힐러리 클린턴 국무장관, 전직 대통령 빌 클린턴, 부통령 앨 고어, 대통령에 출마했던 존 케리 그리고 빌 리차드슨 주지사 등을 움직였다. 그리고 지미 카터 전 대통령의 이북행 언질도 받았다. 로라와 리사 링의 공저 ≪Somewhere Inside≫를 읽으면 숨 가쁜 순간도 여러 번 있었고 석방이 물거품 될 뻔 했던 일도 있었다. 역시 언론에 몸담고 있는 언니의 노력이 주효했다. 미국전역에 방송과 신문기고로 사람들의 마음을 움직이기 시작했고 그들을 돕는 단체가 여럿 생겼다. 참 감격적인 순간은 석방되기 전에 클린턴 대통령이 그들을 만나려고 순서에도 없는 대기소를 찾아오기까지 했다. 읽으며 어떤 대목은 나도 코가 시려오는 감격을 받았다. 대단치 않은 두 동양 여기자를 외면할 수도 있었는데 전직 대통령과 부통령의 열 시간 넘는 비행기 행차는 아마 미국 아니면 있을 수 없는 일이었을 것이다. 돌아오는 비행기내 기념 촬영에 클리턴 대통령 바로 옆에 앉은 유나 리나 비행장에서 찍은 사진에 언니 리사의 한국계 남편 폴 송 그리고 환영 기념식을 힐러리 클린턴과 알링턴 버지니아에 있는 우래옥 식당 등에서 하는 등 참 정겨운 사진들이었다.

링 자매는 돌아오자마자 책을 출판하여 좋은 반응을 받았다. 더구나 이북의 핵무기 협박에 전전 긍긍할 때 나온 적절한 책이었다. 역시 언론인들이어서 글이 여간 매끄럽지 않다. 참 마음에 걸린 것은 우리 동포 유나 리와 함께 집필을 했었으면 했는데 괜히 따돌림을 받지 않았나 하는 섭섭한 마음도 들었다. 이렇게 링 자매는 그들의 경험을 최대로 이용했는데 유나는 침묵으로 일관하다가 후에 책을 출판했는데 결과는 알 수 없다. 알기로는 한동안 동포 언론과도 연락이 없었다고 한다. 이제 세월이 좀 지났는데 이번 전 목사의 체포로 이 두 사람 생각이 다시 난다. 지미 카터 대통령 이북 방문 때 전 목사가 석방되는 막연한 기대를 했는데 그는 빈손으로 평양을 떠났다. 그는 더 엘더스 대표로 참석했을 때 로라의 언니 리사 링처럼 물밑 교섭을 했더라면 우리 동포 전 목사가 석방될 수도 있었을 것이다. 국제 사회에서 점점 고립되어가는 북한은 이제 이런 만용은 중지해야 한다.

외국어 배우기

한국의 지정학적인 위치 때문에 알게 모르게 외국어가 우리의 생활의 큰 부분을 차지한 것을 이민 와서 살며 더 실감하게 되었다. 1945년에 가족과 함께 서울에 정착한 나는 미군진주와 함께 들어온 미국 문화를 접했다. 거리에서 보는 미국 군인이 신기했고 우리만이 아닌 다른 나라 사람과 어울리려고 하는 마음이 생겼다. 중학교에서 시작한 영어는 고등학교와 대학까지 가며, 고등학교에서는 독일어까지 하는 등 외국어를 가까이 하는 학교생활이다. 서양문화 위주여서인지 중국어나 일본어는 별로 환영을 받지 못했던가 보다. 해방될 때까지 나는 일본말만 하는 아이로 자랐다고 한다.

당시의 영어는 그때 막 쏟아져 들어온 미국영화를 보며 '팝송'이라는 유행가와 AFKN이라는 미군 방송을 들으며 익히기 시작했다. 그때 소개된 ≪리더스 다이제스트≫와 ≪타임스≫를 사전과 씨름을 하며 공부하다가 1960년 문교부 해외유학시험에 합격하고 군에 입대했다. 해병대에서 국방부 산하의 군 교육기관에 파견되어 연구병으로 2년 동안 근무했다. 시간을 내어 영어 소설과 정기 간행물을 도서관에서 빌려보며 영어를 습득했다. 점호가 끝나면 혼자서 사무실에 다시 가서 존 스타인벡, 마크 트웨인 등 미국 소설을 한 달에 두어 권씩 읽어 내려갔다. 어떤 때는 윌리암 포크너의 책도 읽었는데 참 힘들었다고 기억된다. 아마 미국 남부 문화를 알지 못하여 더 어려웠을 것이다. 이렇게 하다 보니 나름대로 영어에 눈이 뜨이고 본격적인 영어 공부가 시작되었다.

미국에 도착하여 처음 한 것이 ≪산타로사 프레스 데모크래트≫라는 일간지를 구독한 것이다. 그때는 미국 생활이 익숙지 못하고 영어를 읽는 것도 힘들어 매일 신문을 보는 것이 어려웠다. 이렇게 나름대로 열심히 노력하며 공부한 영어가 주위 동포 유학생들에게 잘한다고 보였는지 영어공부 하는 방법에 대한 질문도 여러 번 받았었다. 그럴 때마다 영어를 잘하는 지름길은 없고 책을 많이 읽고 말을 많이 해야 된다는 이야기를 기회 있을 때마다 했다. 발음보다는 적절한 구사법을 쓰라고 권고도 했다. 지금도 비교적 간행물을 많이 읽는 셈인데 근래에 지인으로부터 몇 가지 신문을 매일 읽느냐는 질문에 ≪뉴욕타임스≫를 포함한 4가지와 우리 신문 두 가지를 읽는다고 했다. 이렇게 비교적 많은 독서가 나에게는 주류 사회에서 활동하는 기회를 주었을 것이다.

어떤 미국 정치인이 당선된 첫 해에 그의 보좌관과 책읽기 내기를 했는데 연말에 계산하니 그는 98권 그리고 그의 보좌관은 97권 읽었다는 기사가 났다. 그는 거의 한 주에 두 권을 읽은 셈이다.

나도 그리 해볼까 했지만 한 달 평균 두 권 읽기가 힘들었다. 39가지 외국어를 자유자재로 구사하던 사람이 있었다. 18세기 로마 가톨릭교의 조셉 메조판티(Joseph Mezzofanti) 추기경은 중국어를 포함한 30개 언어를 유창하게 구사했고 그 이외에 9개 국어도 어려움이 없이 이해했다는 기록이다. 다른 나라에 살아 본 경험도 없는데 세계 각처에서 온 교인들과의 교류와 끊임없는 독서가 그를 타의 추종을 불허하는 언어 구사자가 되게 했다고 한다. 참 공감하는 이야기다. 미국 학생들이 외국어 공부할 때 그 문화와 언어에 완전히 몰입하는 이멀션 프로그램(Immersion program)을 하게 된다. 해당되는 외국어를 배울 때 자국어는 하지 못하게 한다. 알기로는 평화봉사단도 교육을 이렇게 시켜 일 년도 안 되는 짧은 기간에 해당국 나라말을 습득하게 하고 현지에 파송한다. 외국에서 이민 온 사람들이 영어를 제대로 하지 못하여 주류 사회에서 고립된 생활하는 것을 주위에서 자주 목격하게 된다. 우리 이민자들도 미국생활을 이러한 이멀션 프로그램에 들었다고 생각하며 생활 언어를 배우는 기회로 삼았으면 한다. 역시 많이 읽고 많이 말하여 영어를 극복하고 이 사회에 당당한 구성원이 되는 기회 말이다.

우리의 정치참여

젊은이들에게 그동안 아시아인이 겪은 인종차별 이야기를 하면 그런 일이 있었느냐고 놀라는 경우를 자주 본다. 그런 차별의 역사를 극복하고 샌프란시스코와 오클랜드에 두 아시아 사람이 시장에 취임했다. 미국 대륙을 잇는 철도 건설 때 이민을 온 중국노동자들의 후예이다. 백인들은 하지 못하는 일을 중국 사람들이 마다하지 않아 환영을 받았으나, 그들의 계약이 끝나고 이곳에 정착하려 할 때에는 백인들의 반대에 부딪혔다. 상거래의 귀재로 알려진 중국인들은 당시 샌프란시스코 세탁업계를 87%를 차지하여 중국인 하면 세탁소와 식당운영을 연상하게 하였다. 계속하여 늘어가는 중국이민을 막으려고 이상한 법들이 제정되었다. 한 예로 세탁소는 목조건물로 설치할 수 없다고 한 시조례 등이다. 당시 중국 사람들의 세탁소는 대부분 목조 건물 안에 있었다. 위헌 판결이 났지만 여러모로 아시아 사람들의 숨통을 조이기 위한 것이었다.

중국 사람들은 샌프란시스코 차이나타운에 삶의 거처를 마련했고 그곳을 벗어나면 백인 부랑자들한테 행패를 당했다. ≪샌프란시스코 크로니컬≫지에 의하면 1900년 초 구한말 어느 왕족이 마켓 스트리트에 있는 호텔에 투숙하고 거리를 산책하다가 중국 사람으로 오인받고 백인들로부터 구타를 당했다고 한다. 그는 한국 왕족인 것이 알려져 시장으로 부터 공식사과를 받았다고 한다. 오클랜드의 차이나타운은 그랜드 에뷰느에 위치했었는데 백인들에 의하여 바닷가로 밀려났다고도 한다. 말티네즈 해안에는 중국 어촌이었는데 어느 날 이유 모를 화재로 소실되며 중국거리가 없어진 다음 백인 동네가 들어섰다고 한다. 그리고 1960년대 와이오밍주 '락스프링스'에서 중국사람 학살 현장이 발견되기도 했다. 철도공사를 마친 중국 노동자들의 정착을 막으려는 백인 소행이라고 알려졌다. 조선유학생이 오기 전까지 동포들은 중국사람들 상대로 한 인삼 소매업이 고작이었다. 그들도 삶의 근거지는 중국 사람들과 마찬가지로 차이나타운을 벗어나지 못했다. 도산의 리더십으로 삶의 질을 향상시킨 것 등은 우리가 잘 아는 일이며 이곳에서 우리는 우리의 권익을 대표하는 홍사단이 설립되기에 이르기까지 했다.

이민 선배들이 겪은 고초와 삶을 알게 되면서 지난 역사뿐만 아니고 오늘과 내일을 알 수 있는 지혜도 얻었다. 이런 차별 속에서도 기적 같은 일은 일어났다. 2차 대전 때 일본인 수용소에서 10대를 지낸 '노만 미네타'가 산호세 시장에 당선되며 아시아 정치 지망생들의 롤 모델이 되었다. 그는 후에 하원의원을 거쳐 부시정권에서 교통부 장관을 역임했다. 뭐니 뭐니 해도 우리 지역의 경사는 샌프란시스코와 오클랜드의 시장으로 두 중국계가 취임한 일이다. 에드 리 샌프란시스코 시장은 경합으로 된 시장은 아니지만 개빈 뉴솜이 부지사가 된 다음 시의회의 전폭 지지를 받으며 시장으로 추대받게 되었고 우리 지방 오클랜드의 진 콴은 당당한 경합을 거쳐 거물 정치인 단 페라타를 물리쳤다. 이렇게 차별받고 성장한 이들이 꿈을 잃지 않고 정진한 것은 커뮤니티를 위한 그들의 포부와 헌신이 있었기 때문이다.

이들의 배경을 보면 자기 커뮤니티만 위한 일 이외에도 다른 소수민족을 포함한 헌신이었다. 진 콴 시장은 샌프란시스코 국제공항에서 부당한 대우를 받는 한국 근로자를 위하여 싸웠고 흑인지역에서 방과 후 과외를 돕기도 했다. 그리고 에드 리 샌프란시스코 시장도 Asian Law Caucus법률 사무실에서 10년간 봉사하다가 시정부에서 일하게 된다. 20대에 차별받는 소수민족을 위한 일꾼들이 이제 정치에 앞장을 서고 있다. 현재 프리몬트 법원의 우리 3세 탐 서 판사도 이 기구 출신이다. 이런 지도자들을 키우기 위하여 아시아 단체들이 한 노력이 대단했다. 그리고 매리 정 하야시주 하원이나 제인 김 샌프란시스코 의원도 이들 단체와 무관하지 않다. 우리도 동포 조직 안에서만 안주하지 않고 아시아 단체나 여러 소수 민족과 연계할 때 우리의 미래가 있고 지난날의 차별을 거울 삼을 때 밝은 내일을 개척할 수 있다.

이니셜

한국 사람들이 언제부터인가 이니셜을 스스럼없이 사용하기 시작했다. 해방 이후 특히 한국전쟁 다음에 불어닥친 서구 물결에 따르는 서양 사람들과 교류할 때 우리 이름을 발음하기가 어려워 이니셜이 쓰였을 것이다. 당시 미국에서 공부한 학계나 정치계의 지도자들은 미국에서 쓰던 이름을 그냥 쓰기도 했다. 그리고 이런 이름을 서양이름이라 하지 않고 크리스천 이름이라고 했다. 더구나 19세기의 한국에 온 선교사들은 학교를 세우고 제대로 된 이름이 없던 조선 여자들에게 서양식 이름을 붙여준 것이 외국식 이름이 우리에게 소개된 계기가 되지 않았나 생각한다. 그 이외에도 외국 상사의 한국직원들은 한국 이름의 알파벳 두 자를 딴 이니셜로 부르는 것이 유행이 되기도 했다.

1960년도 중순에 반도 호텔에 있던 미국계 여행사에 취직하니 동료 직원 중에 이니셜이 BS와 DS도 있었는데 나에게 JH라고 부르자고 했다. 그리 나쁘지도 않아 몇 년 간 그렇게 쓰다가 유학 와서 공부를 끝낸 다음 개업한 내 회사의 이름을 그렇게 명명하기도 했다. 아마 그런 전통은 아시아에서 오래 살던 서양인들이 아시아 사람들의 호칭 편의에 의해서였겠지만 그들도 영국이나 미국에서 오래 쓰던 전통을 이어받았을 것이다. 영국 사람들이 자기네끼리 그렇게 부르기도 했고 그 전통이 미국에 소개되고 남부에서 지금도 그리 쓰는 경향이 있다. 조지나 윌리암보다는 이니셜이 가져다주는 상류 사회의 분위기를 즐겼을 수도 있다. 큰 농장을 갖고 노예를 부리던 남부사람들은 전형적인 유럽풍의 귀족 생활을 했고 지금도 그런 습관이 남아있다. 여러 해 전 TV연속극 〈다이너스티〉의 주인공 JR도 그런 유의 인사였을 것이다.

이런 이니셜을 언제부터인가 한국에서는 정치지도자들이 즐겨 쓰기 시작했다. 특히 대권을 가졌거나 꿈꾸는 사람들을 그리 부르고 있다. 뭐니 뭐니 해도 정치인으로 이니셜을 처음 쓰기 시작한 사람은 김종필 전 중앙정보부장이었을 것이다. 5·16군사혁명 이후 날던 새도 떨어트린다는 정보기관의 수장이 된 그는 언제부터인지 JP라는 이름으로 통용되기 시작했다. 외국상사가 밀집되어 있던 반도 호텔 근처에서 대학생들과 국가의 장래를 이야기했고 젊은이들의 정치 참여를 권장했다고 한다. 당시 30대 기수론을 30대인 그가 주장했을 것이다. 외국 사람들이 많던 그곳에서 이니셜을 이상하게 받아들이지 않았고 이니셜이 가져다주는 새로운 것에 대한 막연한 기대와 새 정권 창출에 거는 희망 등이 자연스레 어울리는 그런 시대였다. 그로부터 유명해진 이니셜을 군부 실세였던 어떤 이는 HR이라고 쓰기 시작하더니 3김 씨의 나머지 두 사람도 쓰기 시작했다. 작고한 DJ나 생존한 YS 등 전직 대통령도 본인들은 어떠하였는지 모르겠지만 언론에서는 그들을 이니셜로 부르곤 했다.

우리 문화는 윗사람의 이름을 직접적으로 부르는 것을 기피했고 유교문화의 영향력이 심할 때는 윗사람의 이름을 거론하는 것조차 금기시되기도 했다. 따라서 꼭 직책을 붙여 부르게 되는데 이니셜을 쓰면 존칭, 직위 등을 붙일 필요가 없어서 그렇게 쓴다고 한다. 그러다가 이명박 전 서울시장이 대통령이 되며 그를 MB라고 언론에서도 사용하기 시작한다. 그 이외에도 MJ라고 쓰는 정치인도 있는 것을 보면 아마 그도 대권을 꿈꾸는지도 모르겠다. 이렇게 정치지도자가 되며 이름 대신에 이니셜을 쓰는 나라는 아마 한국밖에는 없지 않나 생각한다. 서양문화가 소개되며 많은 것이 필요에 의하여 토착되며 일반화가 되는데 특이하게도 한국에서 이니셜 문화는 정치 지도층의 전용물이 된 것 같다. 더구나 대권을 바라보는 사람들은 으레 갖게 되는 어쩌면 호 같은 것일 수도 있다.

이니셜 자체가 새로운 정치 지도자를 만드는 것은 아니다. 서양 풍조의 이니셜이 시작된 유럽의 민주적인 정치전통도 함께 포용해서 그러한 토양을 기르는 것이 바로 서양 이니셜이 가져다주는 참 의미가 아닌가 하고 생각한다.

커뮤니티 칼리지

미국 전역에 카운티마다 2년제 커뮤니티 칼리지라고 불리는 전문대학이 있다. 우리가 살고 있는 알라메다 카운티만해도 4개 대학을 비롯하여 전국적으로 1,200여 개 대학을 갖고 있는 교육제도이다.

오클랜드에 Laney College와 Merritt College가 있고, 알라메다에 City College of Alameda, 버클리에 Berkeley City College가 있다. 아이비 리그만 생각하는 한국 부모에게는 별로 인기가 없는 학교다. 이 학교에 다니는 학생들을 몇 층으로 나누면 고등학교 졸업하고 4년제 가기 전에 기초 과목을 이수하려는 학생들, 기술을 배우기 위하여 노동조합과 제휴한 과목을 배우고 졸업 후에 취직하는 학생들, 경기가 나빠지며 새로운 직업교육을 받으려는 사람들이 있는가 하면 은퇴한 다음 공부하는 늙은 학생들로 캠퍼스는 늘 바쁘게 돌아간다. 더구나 예산삭감으로 4년제 주립대학에 입학하지 못한 학생들이 2년제 전문대학으로 몰리고 있다.

오바마 대통령은 전국에 산재한 전문대학을 실직자 재교육 기구로 만들고자 연방정부 보조를 늘린다고 하며 바이든 부통령도 열성적으로 찬성하고 있다. 부통령의 부인은 오랫동안 버몬트 주의 전문대학 교수를 하여 운영실정을 잘 알고 있는 형편이다. 장래 유망한 직종으로 간호사를 포함한 의료 계통과 그린 테크놀러지라고 하는 친환경 등을 들고 있다.

오래전부터 전문대학에서는 이 분야에 대하여 연구하고 과목을 개설하고 있다. 미국 전역 간호사 59%를 전문대학에서 배출하고 텍사스 오스틴 전문대학 같은 곳에서는 태양열 발전과 풍력 발전 교육을 통하여 전문기술자로 양성하고 있다. 그리고 관련 회사에서는 이들에 대한 반응이 좋아 졸업생을 계속 요구하며 친환경 기술을 습득하려는 사람들로 학교는 붐비고 있다. 이를 본받아서인지 정부 보조를 받는 기관에서도 우리 지역 근처 산호세에서 친환경 교육을 실시하고 있다. 그 이외에도 전문대학 졸업생이 UC계열대학이나 스탠퍼드 등 좋은 사립학교 진학률이 계속 증가하고 있다.

7월 20일자 ≪타임≫지에 의하면 장래 미국경제의 성공은 전문대학을 어떻게 활용하느냐에 달려있다고 Center for American Progress 발표를 인용하고 있다. 미국의 경기 흐름을 멀리서만 알려 하지 말고 우리가 살고 있는 가까운 곳에서 찾았으면 하기 때문에 이 이야기에 동의한다.

내가 얼마 전부터 관여하기 시작한 Laney College에서 10월 9일에 비지니스와 커뮤니티를 위하여 친환경과 직업훈련 심포지엄을 갖게 된다. 이 대학은 오래전부터 친환경 분야의 필요성을 매년 있는 심포지엄 주제로 역설하던 터였다. 나는 심포지엄 준비위원으로 한 달에 두 번씩 만나서 회의를 준비하고 있다. 더구나 이번 가을학기부터는 한

과목을 가르치게 되며 비지니스 스쿨 자문위원도 겸하고 있다. 전문대학은 항상 커뮤니티와 밀접한 관계를 유지하고 있다. 내 사무실에 회계학전공 학생 두 명을 인턴으로 현재 두고 있으며 그중에 한명은 파트 타임 직원으로 채용하려고 한다. 학교에서 이런 일들을 적극적으로 권장하고 있기 때문이다.

한동안 전문대학을 기피하는 현상이 있었는데 경제가 어려워지며 인식이 달라지고 있다. 나에게는 커뮤니티 칼리지에 대한 참 좋은 추억이 있다. 1960년대 유학생으로 등록금 없이 공부를 시작한 곳이다. 산타로사 주니어 칼리지가 나의 미국길잡이가 되어주었다.

경기가 나빠지며 값비싼 사립학교는 도중에 그만두고 부모 집에서 살며 등록금이 십 분지 일도 안 되는 커뮤니티 칼리지로 돌아오는 학생들의 수가 점차 증가한다고 한다. 참 아이러니하게도 경제가 하락하며 우리가 전문대학의 값어치를 알게 된다. 아카데믹한 과목 이외에도 전문인으로 커리어 쌓는 데 도움을 주고 있다. 현재 하는 일에 만족치 않거나 실직된 사람들이 나이에 상관없이 전문대학을 찾고 있다.

미국사람들이 하는 이야기가 있다. 무엇하기에 늦었다고 생각할 때가 인생에 재도전하는 가장 적절한 시기라 한다. 이제 경제회복하는데 그리고 인생을 다시 설계하는 데 전문대학의 큰 역할을 기대한다. 더구나 우리 동포도 뒷자리에서만 서성대지 말고 새로 부상되는 커뮤니티 칼리지와 함께 꿈을 키웠으면 한다.

장인정신

전쟁 직후 사회가 어수선하고 전쟁 후유증에서 벗어나지 못한 그런 시대였다. 그러던 어느 날 배달된 신문에 눈에 번쩍 뜨이는 기사가 났다. 나이가 70이 넘은 구두닦이에 관한 기사였다.

런던 거리에서 구두만 50년 넘게 닦은 가히 기네스북에 오를 만한 인물이었다. 전 세계를 휩쓴 경제공황 때 직업을 잃고 헤매다가 우연한 기회에 견습을 거쳐 숙련공이 된 다음 구두닦이를 시작했다. 그는 일을 시작하며 세상에서 제일 훌륭한 구두닦이가 되겠다고 다짐했다. 장소도 옮기지 않고 한군데서 긴 세월 구두닦이를 천직으로 삼고 삶 속에서 보람찬 생활을 일궈 나갔다고 한다. 당시 실의에 차 있던 우리를 격려하려고 실린 기사였을 것이다.

가끔 장인으로서 한국 사람을 생각하게 한다.

나는 한동안 이문화(Cross Cultural)세미나를 미국 여러 도시와 멕시코와 불란서에서 했다. 한국과 비지니스를 하는 미국 회사 간부들은 한국문화 중에서 '한'에 대한 관심이 지대했다. 그들은 무엇이 전쟁에서 엄청난 피해를 입은 이름도 없는 나라가 경제대국이 되었냐는 것이다. 모두가 다 아는 대로 한국은 산업구조가 없는 나라였다. 전쟁 후에 한국이 갖고 있었던 유일한 자산은 교육을 받은 인력과 그 인력의 능력을 최대로 발휘할 수 있게 기회를 만들어준 정치 지도자였다고 이야기한다. 지도자와 훈련된 힘의 시너지 그리고 자식의 성공을 위한 끊임없는 부모의 희생이 가져다준 '한'의 발로라는 이야기와 함께 좋지 못한 여건하에서 장인 정신을 배양케 한 기업의 노력도 빠트리지 않았다. 그때를 같이한 외국 사람들이 한국사람 하면 '빨리 빨리'라는 말이 떠오르리만큼 한국 사람들은 바삐 일을 했고 주위 국가와 뒤처진 공백을 메우려고 부단한 노력을 경주했다. 그런가 하면 빠른 결과만 추구하다가 장인정신이 결여되는 어려움도 있었을 것이다.

얼마 전 두 주지사 취임선서 장면이 신문에 보도되었다. 뉴욕 주 검찰총장을 거쳐 주지사 선거에서 승리한 앤드류 쿠오모는 아버지 마리오 쿠오모가 재선에서 실패한 선거에서 이겼다. 아버지는 무명 공화당 후보에게 패한 지 16년 만에 아들이 설욕을 했다. 그런가 하면 캘리포니 아주 검찰총장 제리 브라운도 근 30여 년 만에 두 번하고 물러난 주지사 자리를 우여곡절 끝에 다시 찾았다.

주지사였던 아버지 패트브라운은 아들의 1970년대 주지사 선서식에 참관했고 그의 딸이 주국무장관도 되는 영광도 갖게 되었다. 앤드류 쿠오모나 제리 브라운도 아버지들로부터 정치가의 장인정신을 전수 받았을 것이다. 자식의 성공을 눈여겨보며 격려한 부모의 마음도 갸륵하겠지만 전통을 올바르게 받아들인 후세의 마음도 높이 사야겠다.

우리 한국 전통처럼 한 세대가 전 세대를 능가하게 하는 힘을 실어주는 노력도 좋겠지만 주어진 여건 속에서 장인 정신을 심어주는 이곳의 전통도 높이 사야 될 것이다. 그저 구름 잡는 이야기보다는 가업을 전수시키며 올바른 장인정신을 심어주는 부모의 마음이 몇 대를 거치며 사회에서 성공한 구성원이 되게 한다. 내 주위에서도 아버지로부터 전수 받은 공인 회계사 업무를 자식들한테 이어주는 친구도 여러 사람 있다. 그중에 한 사람은 아들 둘과 파트너십을 하며 회계업무를 성공적인 기업으로 일구었고 아들 중에 한 사람은 공인 회계사 중에 대가가 되었다. 주위에 이런 장인정신이 상호명에도 나타난다. 상호명이 누구누구와 아들(Jones and Sons)이라든지 누구누구 형제(Jones Brothers)라는 이름인 것을 쉽게 볼 수 있다. 물론 이런 전통이 하루 만에 이루어진 것은 아닐 것이다. 공동체를 이루어 나만이 아닌 우리만이 아닌 모두에게 윈윈하게 하는 그런 마음의 자세에서 온 결과일 것이다. 우리말에 생업을 하늘 천자를 넣어 천직이라 한다. 아마 하늘이 준 기업이라는 이야기일 것이다. 장인 정신은 혼자만 갖지 말고 여러 사람과 공유했을 때 빛을 더 발하게 된다.

새로운 토끼해에 50년을 구두 닦는 그런 마음을 갖고 나도 한 해를 시작하고 싶다.

제니퍼 존스

우리에게 너무 잘 알려진 제니퍼 존스가 지난 12월 18일에 90세를 일기로 세상을 떠났다.

1950년대 말 서울에서 학교 다니던 사람 쳐 놓고 이 배우를 알지 못하는 사람은 없을 것이다. 오스카상에 5번째 추천되었고 1943년에 〈버나데트의 노래〉로 주연상을 받기에 이르렀다.

갈색 머리에 청초하고 외로워 보이는 그녀 특유의 모습이 관객을 사로잡기도 했다. 한국전이 종전된 지 얼마 안 되어 폐허가 된 서울에서 당시 유일한 문화 공간은 수입된 서양 영화 관람이었다.

지긋지긋한 전쟁의 후유증과 여러 가지 어려움에서 잠시 벗어날 수 있었던 것은 현실을 잊게 한 외국 영화였을 것이다. 그때 상영된 여러 가지 영화중에 〈모정〉이라고 알려진 〈the love is a many splendored thing〉이 있었다. 영국 신문사 특파원 역을 한 윌리암 홀덴과 아시아인과 중국사람 혼혈(유라시안) 여의사로 출연한 제니퍼 존스의 제목이 이야기 하듯이 애절하고 아름다운 사랑이야기를 소재로 한 영화였다. 젊은이들에게 가져다주는 이성에 대한 막연한 그리움과 서양문화가 잘 조화된 홍콩거리가 꿈처럼 느껴지기도 한 영화였다.

한국전을 취재하다가 잠시 휴가를 얻어 홍콩에서 알게 된 여의사 한수인과 뜨거운 사랑을 하였다. 그들은 앞날을 기약하고 특파원은 한국전으로 귀환하여 전쟁을 취재하다가 공산군이 쏜 총을 맞고 사망하게 된다. 깊은 사랑을 했고 장래를 약속했던 여의사는 애인의 비보를 받고 울다가 전쟁특파원과의 있었던 사랑 이야기를 글로 옮긴다. 타이프라이터로 글을 쓰기 시작하는 것이 영화의 마지막 장면이다. 이 작가의 실명을 극중 이름으로 쓰기도 한 자서전적인 작품이다.

책은 베스트셀러가 되고 여의사 한수인은 의사에서 작가로 변신하게 된다. 같은 시기를 산 한수인 작가/의사는 92세로 지금도 건강하게 스위스 로잔에서 살고 있다고 한다. 이 작가는 존스의 뉴스를 접하며 자신의 한 부분을 잃었다고 생각할지도 모르겠다. 자기의 불붙는 사랑 이야기를 그린 영화에 그의 분신 같은 배우였다. 이야기는 다시 1950년대 말로 돌아가 이 영화를 보고 눈물을 흘리지 않은 사람은 없으리만치 장안의 화젯거리였다. 하도 이야기가 좋고 애틋하여 앤디 윌리암스가 부른 〈모정〉의 영어 주제가를 배워 술자리 모임에서 내 차례가 오면 이 노래를 부르곤 했다. 이 배우가 좋아 당시에 나온 영화를 거의 빼지 않고 다 보다시피 했다.

1966년에 홍콩에 처음 갔을 때 안내하던 사람에게 부탁하여 그들이 사랑을 나누던 여러 곳을 찾아보았다. 홍콩 섬의 빅토리아 피크, 리펄스 배이 그리고 애버딘 등을 돌며 영화의 장면 등을 연상했다. 그들의 사랑도 아름다웠고 경관도 아름다웠다. 이렇게 우리의 심금을 울려주던 배우가 우리 주위를 아주 떠나버렸다. 사실 신문에 기사가 났을 때까지 그의 근황을 잘 알지 못했다.

바쁘게 지내며 잊고 있었는데 90세가 되도록 장수하고 떠났다. 세상을 떠나기까지 그의 남편이 설립한 Norton Simon 박물관을 운영하며 작고한 남편의 유지를 지키며 조용히 살던 사람이다. 그의 부고를 알린 〈Associate Press〉는 영화 〈모정〉에 나온 중국 여자들이 즐겨 입는 '청삼' 차림의 유라시안으로 분장한 사진을 실었다. 다른 영화로 오스카상은 받았지만 역시 한수인 의사의 분장이 아마 그녀를 잘 대표한 역할이었나 보다.

이렇게 한 세기를 영화가에서 활동하던 큰 별이 떨어지고 청초하게 우리 마음속에 자리 잡던 사람이 이제 아주 갔다고 생각하니 서운한 마음이 그지없다.

예전에 어른들이 하던 이야기를 나도 한다. 전에는 이렇게 고상하고 아름다운 배우도 있었는데 요즘 것들은 정말 볼품없다고. 내가 알던 예전 배우들이 이제 하나씩 둘씩 사라지며 영화에 얽힌 당시를 그리워하니 이제 나도 나이가 들었는가 보다.

전쟁 후에 새 문화를 우리에게 가져다 준 영화매체가 제니퍼 존스를 떠나보내며 다시 생각나게 한다.

책

우리 세대에게 책이라고 하면 말할 것도 없이 종이에 인쇄된 것을 지칭하는데 이제는 인터넷 책이 보편화되어가고 있으니 구분하여 불러야겠다. 내가 대학 다닌 50여 년 전만 해도 기초과목 이외에는 우리말로 된 교재가 없어서 전문 과목은 교수들의 강의 노트에 의존해야 하니 복습은 할 수 있어도 예습은 힘들었다.

혹시 학습에 도움이 될까 하여 외국어 책(당시에는 원서라고 했다.)을 사려면 값이 만만치가 않았다. 그러다가 학교를 졸업하고 동남아에서 일할 기회가 있어 홍콩에 있는 서점가에 가 보니 꿈도 꿔보지 못한 외국 책들이 즐비했다. 여유가 있을 때마다 제목이 좋은 책들을 구입하여 후에 읽겠다고 내 방에 쌓아놓곤 했다.

나의 책에 대한 호기심과 집착은 아마 일제로부터 해방되며 출판된 한글 동화책과 만화로부터였을 것이다. 누나들이 읽던 일본책은 읽지 못했고 학교에 막 입학하여 배운 한글 책을 누나들의 도움으로 읽었는데 나에게 새로운 세계가 눈앞에 전개되는 듯싶었다.

아마 처음 읽은 것이 ≪똘똘이의 모험≫이었을 것이다. 그 이후부터

나 혼자 아는 것은 아는 대로 모르는 것은 모르는 대로 읽기 시작했다. 그때 책 읽는 경험이 책의 소중함을 일깨워주고 주었다. 16세기의 철학자 에라스무스가 이야기 한 것처럼 "돈이 생기면 책을 사고 나머지가 있으면 음식을 샀다."라는 그런 마음이었을 것이다.

여러 군데 이사를 다니며 이삿짐에 제일 큰 부피가 책이었는데 남에게 주자니 내 몸의 일부를 주는 것 같았고 그러지 않으려니 짐의 부피가 너무 많곤 하여 애를 먹었다. 그리고 될 수 있으면 내 책은 빌려주[illegible]고 지금도 그렇다.

미국에서 대학을 다시 마친 다음 샌프란시스코에 취직되어서 '선셋'에 있는 원 베드룸에 신접살림을 차렸다. 이제 생활도 안정되고 전부터 갖고 싶었던 '엔사이클로피디어 브리태니커'를 내 월급의 절반되는 액수에 계약하고 매달 30불씩 여러 해에 걸쳐 지불했다.

따라서 매년 증보판도 구입했다. 결혼한 다음 우리부부가 구입한 첫번째 재산 항목이었다. 이렇게 소중히 여기던 대영 백과사전은 인터넷이 나오며 사양길로 접어들고 집안에 귀찮은 존재로 변했다. 얼마 전까지만 해도 지식의 보고로 알려졌었는데 이제는 도서관에서나 볼 수 있는 정도이고 그렇다고 이용하는 사람도 없다. 예전에는 가정집에서 필요 없어 도서관이나 구세군에 기증하면 환영했는데 지금은 거들떠보지도 않는다.

내가 아는 사람의 이야기다. 백과사전을 처리하려는데 받는 곳이 없어 궁리 끝에 도서관 앞에 있는 우체통 같이 생긴 "북 리턴"에 몇 십 권의 책을 넣고 돌아섰는데 미안한 생각이 들더란다.

40여 년 넘은 백과사전을 아직도 갖고 있는데 이것을 버리자는 아내의 이야기는 귀로 흘려버린다. 지금도 그 책을 보노라면 좋은 음식을 먹은 다음에 오는 만복감을 느낀다. 이런 책들이 인터넷 백과사전인 '위키피디아'에 밀린다. 이제 시작 된 지 10년 되는 전자 백과사전은 지난 11월에 전 세계 4억 넘는 독자가 열람했다. 그러고 천칠백만 아티클이 270여 개의 언어로 실려 있다고 한다. 가히 천문학적인 숫자인데 다른 백과사전처럼 전문 집필진이 있는 것도 아니고 독자의 직접 투고로 이루어진다. 가끔 엉터리정보가 오르면 그 수명이 오래가지 못하리 만치 독자들의 관심이 적지 않다. 어떤 전문가에 의하면 활자화된 대영백과사전에 버금가리만큼 내용이 충실한 백과사전이라고 한다.

이렇게 우리가 좋건 싫건 간에 이제 글 읽는 것도 인터넷 매체 영향을 받는다. 나도 옛 사람이 되어 가는지 책장은 손으로 넘기는 게 책 읽는 맛이 난다고 내 또래와 이야기하며 책 좋아하는 사람들만이 아는 이야기를 하고 웃었다.

얼마 전 전자책은 물론 근래에 유행하는 IPAD를 사놓고도 아직은 그것을 통하여 책을 읽지는 않는다. 위키피디아가 좋기는 한데 자꾸 대영백과사전과 비교하게 된다. 내 집과 사무실 서가에는 적지 않은 책들이 꽂혀있고 지금도 정기적으로 구입한다.

역시 종이로 인쇄된 책의 매력은 버릴 수가 없다.

대기만성

우리가 즐겨 쓰는 사자성어 중에서 내가 제일 좋아하는 말이 대기만성이다. 여러 해를 살아오며 실패할 때도 여러 번 있었는데, 이 말을 되새기며 큰 그릇은 오랜 세월이 지나야 이루어지고 빛이 난다고 다짐하며 자위하기도 한다. 큰 그릇이 되기에는 역부족인 나는 큰 그릇을 만들어 가는 과정이 좋아 지금까지 쉬지 않고 여러 가지 꿈을 만들어 가기도 하는가 보다.

토마스 에디슨이 엄청나게 노력하였고 실패도 했는데 그는 결코 중도에 포기하지 않고 우리가 즐겨 쓰는 여러 가지 생활의 이기를 발명하고 인류에 공헌한 바가 적지 않다. 그는 1,000번 실패는 연습이라고 하며 1,001번째 도전하고 성공하기도 한다. 역시 많은 음악가들이 쉬지 않고 노력하나 경합에 낙방하더라도 그들은 그것을 실패라 하지 않고 준비과정이라고 하며 그들의 큰 그릇을 만들어 가고 있다. 실패가 실패로 끝나는 게 아니고 다음을 위한 기폭제로 삼으며 자신을 추스르고 다시 도전을 한다. 역시 마음의 자세가 우리들을 성공에 이르게 한다.

근래에 참 아름다운 이야기를 접하게 되었다. 이제 70이 되니 젊은 이 같은 만용은 이제 그만 부리고 좀 쉬엄쉬엄 살아야 되지 않나 하는 나의 생각을 뒤집어 놓는 사건이었다. 94세 되는 여류화가 '칼멘 헤레라'에 대한 인간승리 이야기다. 60여 년간 선을 주제로 한 추상화를 그리고 기회 있을 때 적은 규모의 미술 전시회를 하던 무명 화가였다. 그러다가 89세가 되는 몇 해 전에 우연한 기회에 발견되었다. 그동안 그녀는 작품 활동을 하루도 쉬지 않고 꿈과 함께 대가를 바라지 않는 그의 예술에 혼신을 바치며 정진했다고 한다.

쿠바 출신인 이 화가는 1930년대에 미국남자와 결혼하고 뉴욕에 정착하며 전통적인 유럽풍 생활을 즐기고 한때는 프랑스 파리에 가서 미술공부를 하기도 했다. 선을 위주로 하는 그림을 그리던 헤레라는 다시 미국에 돌아와 인상파가 주축을 이루던 당시에 선을 모델로 하는 추상화 작품세계에 몰두했다고 한다. 미국에서는 그의 추상화 작품은 인정도 받지 못하고 잘 알려지지도 않던 당시였다. 더구나 여류화가의 추상화는 거들떠보지도 않던 시대였다고 한다. 고등학교 영어 선생인 남편의 도움과 권고로 끊임없는 예술세계를 구축해갔다. 미술계가 그를 발견한 것은 98세의 남편이 세상을 떠난 얼마 후였다. 그는 무명화가인 부인의 스폰서였고 인생의 반려자였다.

2004년 우연한 기회에 기하학적인 추상화 작품을 찾던 맨해튼의 한 갤러리에 의하여 발견되고 세상에 빛을 보게 되었다. 대단한 발굴이라 하며 당시 미술계를 흥분시켰다고 한다. 부와 명예에 관심이 없던 그녀가 89세에 미술계에 등단하게 되었다. 맨해튼 작은 아파트에서 혼자 살며 예술세계에 몰두한 그녀에게 평생에 만져보지 못한 거금이 들어

오기 시작했다고 한다. 그동안 헤레라는 작고한 남편의 은퇴금으로 넉넉지 못한 생활을 해오고 있었다. 작품 하나에 4만 불 내지 5만 불에 팔리기 시작했어도 어떤 미술 수집가들은 5, 6개씩 구입하기도 했다. 이를 지켜보던 푸에르토리코 출신 어떤 화가는 "우리말에 버스는 항상 기다리는 사람에게 온다."라고 축하했는데 이 여류 화가는 재치 있게 자기는 94년간 기다렸다고 대답하여 박수를 받았다. 여러 번 그녀가 가는 미술가의 길이 어려워 포기하려 했지만 본인의 끈기와 세상을 떠난 남편의 권유가 지금까지 버티게 했고 큰 그릇을 만들게 했다고 한다.

참 그렇다. 하나님은 그녀가 그랬듯이 우리에게 다시 일어설 기회를 준다. 매일 우리에게 다가오는 새 아침을 맞으며 어제 있었던 실패는 연습으로 접어두고 하나님이 내게 준 새날을 향하는 마음 다짐이 우리를 완숙의 길로 인도할 것이다. 그리고 시작되는 새 아침에 우리는 매일 매주 매달의 목표를 정해야 될 것이다. 94세에 도착한 그녀의 버스를 환영하는 헤레라 화가를 보며 나도 남은 4반세기를 위한 큰 그릇을 완성하는 마음을 가져야겠다고 다짐한다. 이제 오는 구정 새날을 맞으며 새로운 생각을 하게 하는 이야기다.

협상 방법

우리는 매일 살아가며 끊임없는 협상에 부딪친다. 협상하면 마치 큰 비즈니스를 홍정하는 것으로 생각한다. 매일 부딪치는 배우자와 자녀들과 알게 모르게 하는 거래, 회사 상사나 부하직원들과의 협상 그리고 고객, 납품업체와의 거래는 끝이 없다. 우리가 다니고 있는 교회에서 벌어지는 일도 협상임에 틀림없다.

'매슬로'가 이야기한 인간은 먹고 마시는 생리적 욕구가 충족되면 안전을 추구하게 되고 집단을 형성하며 사랑과 소속감, 존경을 받고 싶은 마음 그리고 자기실현(self actualization)을 찾게 된다. 그리고 지식에 대한 열망과 예술을 추구하게 된다. 사실 이런 일곱 가지 단계가 알게 모르게 협상을 통하며 이루어지고 있다. 따라서 협상은 우리가 따로 배우는 게 아니고 지금까지 피상적으로 알고 있던 것에 의미를 붙이고 우선순위를 정하는 과정이라 하여도 틀리는 말은 아니다. 젊은이들에게 사랑을 어떻게 하라고 가르쳐 주지 않아도 때가 되면 본능에 따르는 것처럼 협상도 자신에게 유리하게 하려는 본능의 발로일 것이다.

본능에서 발생할 수 있는 시행착오를 벗어나 계획적인 협상방법을 통하여 서로가 득이 되는 노력을 생각해야 한다. 제일 중요한 것은 목표를 설정하는 것이다. 우선순위를 정하고 계획을 세워나간다. 그리고 다음에 따르는 자기의 한계도 결정하고 협상에 임한다. 오래전 케니 로저스가 주연한 〈The Gamblers〉라는 영화가 있다.

직업 도박꾼을 그린 영화인데 그가 언제 어떻게 bluffing 하여 판돈을 거머쥐든지 아니면 일찌감치 패를 내려놓는 결정하는 마음을 그린 영화다. 이를 그는 "You should know when to fold and when to run"라고 허스키한 목소리로 노래한다. 우리가 매일 하는 협상도 그것과 그리 다르지 않다. 협상하는 과정에서 감정을 처리할 줄 아는 지혜가 필요하다. 노련한 협상가의 감정 표출을 눈여겨 볼 필요가 있다. 아무리 놀랄 일이라도 눈 하나 깜짝하지 않고 대응한다. 어떤 경우에는 감정의 지연작전으로 결정적인 때에 휴정을 제의하기도 하며 감정을 추스른다. 포커 도박꾼의 얼굴이라도 하는 무표정으로 협상에 임한다. 이러기 위하여서는 상대방에게 귀를 기울이는 지혜가 필요하다.

협상에 성공하려면 뚜렷한 대화법이 따라야 한다. 이를 위하여서는 자신의 대화법을 다시 점검해야 된다. 협상에 임할 때 육하원칙에 따르는 노트를 사용하여 자신의 뜻을 전하는 것도 한 방법이 되겠다. 즉 누가, 언제, 어디서, 무엇을, 어떻게 등을 적고 자신의 뜻을 피력하면 협상에 큰 도움이 되겠다. 어떤 경우에 자신의 뜻은 이야기하지 않고 모호한 이야기만 하다가는 협상근처에도 가질 못한다.

특히 한국 젊은이들의 이야기가 못 마땅하게 들릴 때가 있다. 한 예로 틀림없는 검정색 물체를 보며 "검정색 같다."고 이야기한다든지 자기 뜻은 이야기 하지 않고 "누구에 의하면 하며 내가 알기로는" 하며 우회적인 어법을 쓴다. 이러한 사례는 어렵게 한국 사람과 협상을 하던 비한국인(흔히 우리가 이야기하는 외국인)들의 경험담이다.

다음에 우리가 생각할 것은 상대방을 경청할 줄 아는 지혜이다. 협상의 첫걸음은 상대방에 이야기를 듣는 자세다. 하나님이 사람의 두 귀와 한 입을 만든 것은 두 번 듣고 한번만 이야기하라는 뜻이라고 한다. 종결점은 상대방에 모두 득이 되는 협상에 도달하는 것이다. 때로 협상하며 힘든 상대를 만나면 맞서지 말고 피해가며 감정을 관리하라고도 한다. 성공적인 협상의 매듭은 90%가 준비고 나머지 10%는 준비를 실천에 옮기는 과정이다.

항상 뚜렷한 한계를 정하고 걸어 나갈 준비가 되어있고, 자신의 감정을 관리하고 경청하며 간결한 대화법으로 임하는 자세가 협상을 성공에 이끄는 지름길이라고 하는 것처럼 우리도 주위를 다시 살펴야겠다.

* 이 글은 지난 9월24일 부터 26일까지 달라스에서 개최된 제1회 CBMC CEO School에서 한 나의 강의를 요약한 것이다.